Harriet Köhler

Gebrauchsanweisung
fürs Daheimbleiben

PIPER

Mehr über unsere Autoren und Bücher:
www.piper.de

Dank an folgende Rechtegeber für die erteilten Abdruckgenehmigungen: den Suhrkamp Verlag für die Zitate von Roland Barthes, Stephan Döblin für das Zitat von Alfred Döblin und den Heyne Verlag sowie PEW Literary für das Zitat von Gavin Pretor-Pinney.

Nicht in allen Fällen war es uns möglich, die Rechteinhaber der Zitate zu ermitteln. Wir bitten daher, bestehende Ansprüche uns mitzuteilen.

ISBN 978-3-492-27735-8
2. Auflage 2019
© Piper Verlag GmbH, München 2019
Redaktion: Margret Trebbe-Plath, Berlin
Satz: Fotosatz Amann, Memmingen
Druck und Bindung: CPI books GmbH, Leck
Printed in the EU

»Na, diese Reise fängt ja vielversprechend an!«

Erzherzog Franz Ferdinand unterwegs nach Sarajewo,
als eine Achse seines Salonwagens heiß gelaufen war

Inhalt

Lonely Planet

- **11** Vom Fernweh
- **23** Enttäuschte Erwartungen
- **29** Die Welt zu sehen
- **37** Kollaps
- **49** Nichtstun als Tun
- **59** Ein Akt der Rebellion

Daheimbleiben in 14 Tagen

- **67** Tag 1: Zu Mittag essen
- **77** Tag 2: Offline gehen
- **87** Tag 3: Nichts tun
- **97** Tag 4: Einen Spaziergang unternehmen
- **105** Tag 5: Ins Grüne fahren
- **121** Tag 6: Eine einfache Mahlzeit zubereiten
- **133** Tag 7: Die Nachbarn kennenlernen
- **143** Tag 8: Im Hotel übernachten
- **147** Tag 9: In den Himmel gucken
- **153** Tag 10: Sich auf die Spur der Vergangenheit begeben

163 Tag 11: Sich nassregnen lassen
169 Tag 12: Mit dem Herzen reisen
181 Tag 13: Ein Museum besuchen
187 Tag 14: Eine Zimmerreise unternehmen
199 Zurück in den Alltag: Was wir von zu Hause mitbringen können
205 Literatur

Lonely Planet

Vom Fernweh

»Da, wo du nicht bist, ist das Glück.«
Franz Schubert

Ein Buch über das Daheimbleiben sollte vermutlich nicht ausgerechnet an einem nasskalten Februartag vor einem Reisebüro beginnen, wenn der Winter schon so lang ist, dass man sich nicht mehr an das Gefühl erinnern kann, im T-Shirt durch die Stadt zu laufen, und der Frühling noch so fern, dass man sich kaum vorstellen kann, dass er überhaupt jemals wieder übers Land ziehen wird. Es sollte vielleicht nicht unbedingt an einem Tag beginnen, an dem für jeden, der auch nur ein bisschen Platz für Träume in sich hat, das Fernweh unbezwingbar wird.

Ich lebe in Berlin, einer Stadt, von der ich manchmal scherzhaft behaupte, sie läge nicht im Osten Deutschlands, sondern in Westsibirien. Der Winter hier dauert ungefähr neun Monate, und spätestens im Februar verliere ich regelmäßig den Glauben daran, dass er überhaupt jemals wieder geht. Die Pappeln in meinem Kiez säumen dann den Straßenrand wie eine Armee von Toten; in den von den Nachbarn im Sommer liebevoll gepflegten Baumscheiben beugen sich welke Funkien und Farne; und der Himmel hängt so tief, dass er einem auf die Schultern drückt.

In jenem Februar, in dem mich aus wolkenverhangenem Himmel plötzlich das Fernweh packte, war der Winter besonders grimmig. Oder vielleicht kam er mir auch nur besonders grimmig vor, denn ich hatte gerade einen kleinen Sohn geboren und konnte mich plötzlich nicht mehr einfach so vor der Kälte draußen verkriechen. Unser Baby schlief nämlich nicht, zumindest nicht in seinem Bettchen; obendrein war es oft schon gegen fünf Uhr morgens wach, weshalb ich nicht selten in der Morgendämmerung einen ersten Spaziergang unternahm, bei dem ich zwar erbärmlich fror, es hingegen, dick in Wolle gepackt und gemütlich schuckelnd, endlich, endlich ins Land der Träume glitt.

Ich werde diesen Winter nie vergessen: wie ich über die Rollsplittdünen auf den vereisten Gehwegen stapfte und den Kinderwagen durch die gefrorene Stadt bugsierte, vorbei an tiefgekühlten Hundehaufen, rußpatinierten Schneebergen und vergessenen Weihnachtsbäumen, in denen noch Lamettareste hingen. Ich werde die Kälte nicht vergessen, die ihren Weg noch durch die Maschen meiner dicksten Wollmütze fand. Die jeden meiner Schritte knirschen und jeden meiner Atemzüge einen Augenblick lang weiß in der Luft stehen ließ, ehe er sich in nichts auflöste.

Ich hatte mir in jenem Winter angewöhnt, mir einmal am Tag ein winziges Italiengefühl zu verschaffen und nach meiner morgendlichen Runde auf einen Cappuccino und ein Panino bei der kleinen italienischen Salumeria an der übernächsten Ecke einzukehren. Ich mochte die sizilianische Familie, die den Laden betrieb: Papa Nino, der jeden Morgen kistenweise frisches Gemüse in die Küche trug und die herrlichsten Antipasti wieder herausbrachte; seine Frau Maria, die mir stets einen Extrakeks auf die Untertasse legte; Carmelo und Salvatore, die beiden Söhne, die immer für einen Plausch zu haben waren und die das Baby, das mich regelmäßig an meine Grenzen brachte, jeden Tag aufs Neue mit einer Begeisterung feierten, dass ich mich meiner unglücklichen Gefühle fast ein bisschen schämte.

Doch an diesem Februarmorgen kam ich nicht bis zur Salumeria.

Ich wurde aufgehalten: von den braun gebrannten Beinen einer Frau, von einem weißen Sandstrand und türkisfarbenem Wasser.

Direkt neben der Salumeria gibt es ein kleines Reisebüro, dem ich bis dahin keine große Beachtung geschenkt hatte. Ich hatte in meinem ganzen Leben noch nie eine Reise aus dem Katalog gebucht – als ich jünger war, gehörte ich eher zu den Leuten, die einfach ohne Planung losfliegen und dann sehen, wohin der Wind sie trägt; später hatte ich meine Reisen stets selbst im Internet zusammengebastelt, war Empfehlungen gefolgt oder einfach dorthin gereist, wohin ich eingeladen war. Reisebüro, das hatte für mich immer ein bisschen nach all-inclusive gerochen, nach reservierten Sonnenliegen und Abendessen vom Büffet.

An diesem Tag im Februar aber stand ich plötzlich vor einem Aufsteller, der für 14 Tage in einem Fünf-Sterne-plus-Resort auf den Malediven warb, inklusive Flug.

14 Tage.

Fünf Sterne plus.

Malediven.

Eigentlich bin ich nicht der Typ für Strandurlaub. Ich finde es unbequem, lange auf einem Handtuch zu liegen, die Sonne ist mir zu heiß, und ich hasse es, mich ständig akribisch eincremen zu müssen. Und die Malediven fand ich als Reiseziel eher befremdlich – wer wollte schon freiwillig 14 Tage auf einer Insel verbringen, die man schneller umrundet hat als die Reichstagskuppel?

Doch jetzt blieb ich stehen, schuckelte den Kinderwagen von Hand weiter und betrachtete die herrliche Bräune der Frau, ihre schlanken Glieder, die sich im warmen Sand rekelten. Ich spürte in meinen Körper hinein: Wann hatte ich meine Beine eigentlich das letzte Mal bewusst gesehen? In den vergangenen Wochen war ich morgens bloß hastig in die lange Wollunterwäsche geschlüpft und abends in den karierten Flanellpyjama. Den Rest des Tages hatten sie mich mit schnellen Schritten durch die immergrauen Tage getragen, hatten ohne Luft und Tageslicht ihren Dienst verrichtet.

Mein Blick wanderte zum sich in der Ferne erstreckenden Horizont. Das Rauschen des Meeres – ich konnte es beinahe hören. Ich stellte mir vor, wie die glitzernden Wellen alles davonspülen würden: die bleierne Müdigkeit, die beinahe zum Normalzustand geworden war; das Gefühl der Unzulänglichkeit, das mich durch die Tage begleitete; die Kälte, die in den letzten Monaten nie ganz aus meinem Körper gewichen war. Ich stellte mir vor, wie sich meine Zehen in den warmen, feinen Sand krallen würden.

Eigentlich hatten mein Mann und ich erst wenige Wochen zuvor beschlossen, uns in unserem Reiseverhalten einzuschränken. Bis dahin hatten wir zu den Leuten gehört, die eigentlich ständig irgendwohin fuhren: im Sommer zu einer abgeschiedenen Bergpension in Südtirol, nach Korsika oder Marseille, im Frühling nach Palermo oder Palma, im Spätherbst nach Arles, nach Südafrika, nach Namibia. Wir verbrachten Weihnachten in Brügge oder Tallinn, Silvester in einem Haus in der Uckermark, Karneval in Köln, Ostern auf Capri. Wann immer wir mal drei freie Tage hatten, guckten wir, ohne darüber nachzudenken, nach Flügen – weil es irgendwie zum Leben dazugehörte, weil wir Lust darauf hatten und weil wir es uns halbwegs leisten konnten. Wir verreisten, weil wir das Gefühl hatten, dass die Welt uns offenstand und wir sie uns einfach nehmen konnten. Wir reisten, weil es schön war, nach der Rückkehr etwas zum Erzählen zu haben. Und wir reisten, weil es gesellschaftlich legitimiert war: Schließlich habe ich von klein auf gelernt, dass Reisen bildet.

Unseren Urlaub einfach zu Hause zu verbringen? Oder auch nur ein paar freie Tage? Auf die Idee wären wir im Leben nicht gekommen.

Nun hatten wir uns jedoch vorgenommen, uns beim Reisen deutlich zu beschränken. Oder zumindest etwas.

Nicht, dass wir ganz und gar auf Urlaub verzichten wollten – wir nahmen uns nur vor, nicht mehr anlass- und gedankenlos in den Flieger zu steigen. Wir beschlossen, in Zukunft eingehend zu prüfen, ob eine Reise wirklich nötig war, und dann zu gucken, wie wir möglichst klimaverträglich dorthin kommen würden.

Aber jetzt, an diesem Februartag, an dem es draußen so kalt war, dass an den Fensterscheiben mancher Altbauten Eisblumen blühten, wusste ich plötzlich: Der Ernstfall war eingetreten. Ich musste verreisen, musste fort von hier.

Da war es, das Fernweh.

Fernweh – das Gefühl der Sehnsucht danach, an einem anderen Ort zu sein, kennt wahrscheinlich jeder. Dabei ist der Begriff noch gar nicht besonders alt; in Wörterbüchern tauchte er zum ersten Mal in den Dreißigerjahren des 20. Jahrhunderts auf, als Analogbildung zum viel älteren »Heimweh«. Die Gefühle, die die beiden Begriffe beschreiben, sind eigentlich gar nicht so verschieden; sie richten sich weniger auf einen Ort in der Außenwelt als auf eine innere Empfindung. Wer Heimweh hat, sehnt sich eher nach einem idealisierten Ort als einem realen. Er fühlt sich unbehaust, einsam und vermisst eine Zeit, in der er sich aufgehoben wähnte im Kreise seiner Freunde, seiner Familie. Wer unter Fernweh leidet, wünscht sich nicht einfach woanders hin. Klar: Wir sehnen uns nach den betörenden Gerüchen auf fremden Märkten, der unverständlichen Melodie fremdsprachigen Stimmengewirrs. Wir sehnen uns nach der Unübersichtlichkeit großer Städte, in denen man sich immer ein bisschen lebendiger, schneller, aufmerksamer fühlt. Wir sehnen uns danach, eine menschenleere Landschaft zu überblicken. Aber schon die Tatsache, dass sich das Wort »Fern*weh*« durchgesetzt hat und nicht das ältere »Wander*lust*«, deutet darauf hin, dass wir eigentlich ein Gefühl des Defizits damit beschreiben, einen Mangel, einen Schmerz, ein Unbehagen: Wir sehnen uns vor allem nach einem anderen Leben – danach, nicht nur die winterliche Wollunterwäsche, sondern auch den Alltag abzustreifen. Danach, dass sich unter einer fremden Sonne alles auflöst, was uns von uns selbst entfernt, und nur noch übrig bleibt, was wir wirklich sind.

Es gibt bestimmt viele Gründe, warum Menschen ins Auto, in den Zug oder ins Flugzeug steigen und ihre kostbaren Urlaubstage dazu verwenden, an die abwegigsten Orte der Welt zu reisen, in eine gigantomanische Stadt oder an einen ausschließlich von Stechmücken besiedelten finnischen See: Wir haben das Bedürfnis nach Erholung, wollen unseren Horizont erweitern, die Welt sehen. Aber von allen Gründen, die Menschen fürs Reisen haben, ist das Fernweh vermutlich der stärkste. Erholen könnten wir uns ja auch bei einem Spaziergang im Stadtpark und einem anschließenden Bad. Von der Welt sieht man mehr, wenn man sich eine gut fotografierte Reisereportage im Fernsehen anschaut. Unseren Bildungshunger stillt fast genauso gut ein interessantes Buch oder der Besuch einer Sonderausstellung im Museum.

Doch die Sehnsucht danach, an einem anderen Ort etwas anderes zu erleben und dabei unser Alltags-Ich abzustreifen – die können wir nicht beiseitefegen. Für viele Menschen ist es ein echtes Bedürfnis: das Fremde zu entdecken, das schließlich auch in uns haust. Unsere deutsche

Kartoffeligkeit hinter uns zu lassen. Unsere Korrektheit und Penibilität und Funktionskleidungsmentalität. Kein Wunder, dass wir uns grämen, wenn wir im Urlaub von Touristen umzingelt werden, die unsere Metamorphose ständig stören, weil sie uns immer wieder ins Gedächtnis rufen, wer wir in Wirklichkeit sind!

Steckt nicht in jeder von uns der Glamour einer Pariserin? Wir müssten nur durchs Marais flanieren. Sind wir nicht eigentlich großstädtische Kosmopoliten? Auf nach New York! Und wie herrlich es mal wieder wäre, seinen sizilianischen Stolz und seine Lässigkeit herauszukehren – man müsste nur nach Palermo fliegen und dort auf einer Terrasse mit Blick aufs Meer ein Glas sizilianischen Weißweins trinken!

Verbarg sich nicht auch in mir, der übernächtigten Mutti im dicken Daunenparka, noch ein anderer Mensch? Der Mensch, der ich früher einmal gewesen war? Einer, der gelassener, eleganter, interessanter, klüger, abenteuerlustiger, präsentabler, einfach irgendwie besser war als die Frau, der das Babyschuckeln so sehr in Fleisch und Blut übergegangen war, dass sie abends, wenn das Baby im Bett war, auf dem Küchenstuhl weiterwippte wie eine Hospitalismuspatientin? Die Frau, die ich wirklich war?

Das Reisebüro habe ich dann natürlich nicht betreten, so viel Individualreisendenehre hatte ich auch nach der Geburt meines ersten Kindes noch im Leib. Doch die Sehnsucht verging nicht so einfach. Mir fiel ein Artikel in einem englischsprachigen Magazin ein, den ich ein paar Wochen zuvor gelesen hatte – zum Glück fand ich das Heft noch, es war sogar noch an der richtigen Stelle aufgeschlagen. Der Text handelte von einer Region im Südwesten Portugals, zwischen Lissabon und Algarve, die vom Tourismus noch kaum erschlossen war, dafür jedoch mit spektakulären Stränden und großartigen Fischlokalen aufwarten konnte, mit rauer, unberührter Landschaft und einfachen Steinhäusern. Ich klappte meinen Laptop auf und googelte ihren Namen: Alentejo.

Eigentlich hatten wir uns ja vorgenommen, nach Möglichkeit nicht mehr zu fliegen, aber mit dem Zug nach Portugal, noch dazu mit einem Säugling – das war natürlich Quatsch. Die Fotos, die nun auf dem Monitor erschienen, von steilen Klippen und dem schäumenden Ozean, verwandelten das in mir lodernde Fernweh in eine Feuersbrunst, die alle meine Bedenken mit flammender Zunge fraß. Ich rief meinen Mann an, der von der Idee begeistert war und mir einen Zeitraum im Sommer nannte, an dem sich die Reise für ihn gut einrichten ließe. Bis dahin war es zwar noch eine ganze Weile, aber, so frohlockten wir, das bedeutete auch, dass das Baby dann bestimmt aus dem Gröbsten raus sein würde.

Bei Airbnb entdeckte ich ein winziges Ferienhaus, ein altes Gebäude, das einmal zu einer Mühle gehört hatte und von einem Architekten modern-schlicht umgebaut worden war – mit bodentiefen Fenstern und altmodischen Zementfliesen, wie sie damals in Berlin jeder haben wollte. Es gehörte zu einem Estate mit mehreren anderen Ferienhäuschen, die wie zufällig über ein kleines Flusstal versprenkelt waren; unten am Fluss gab es ein schattiges, mit Teppichen und Sofas ausgestattetes marokkanisches Zelt und ein Kanu, das man sich ausleihen konnte. Jeden Tag, so versprachen es die Vermieter, würde uns morgens frisches Brot gebracht, einmal die Woche käme eine Yogalehrerin an den zum Anwesen gehörenden Pool, und bis zum fantastischen, kinderfreundlichen Sandstrand waren es nur ein paar Kilometer.

Eine Yogastunde am Pool – das kam mir, die ich es in den letzten Monaten nur mit Mühe und Not zum Rückbildungskurs geschafft hatte, vor wie ein Heilsversprechen. Ich buchte drei Flüge nach Faro, einen Mietwagen und kompensierte, so viel Umweltbewusstsein hatten wir dann doch noch, bei Atmosfair die 1,7 Tonnen CO_2, die wir dabei in die Luft pusten würden. Bei einer Reisebuchhandlung in der Nähe kaufte ich einen dicken Reiseführer, in dem ich immer mal wieder blätterte. Wenn mir langweilig war, klickte ich mich durch die Badebekleidungssortimente der großen Onlinehändler.

Immer noch schob ich im dicken Daunenparka Tag für Tag den Kinderwagen über verschneite Gehwege. Aber allein die Aussicht auf unsere geplante Reise führte dazu, dass mir mein Leben nicht mehr ganz so beengt vorkam und der Himmel über Berlin nicht mehr ganz so grau und grimmig.

Manchmal, während ich eine besonders stille Sackgasse auf- und abmarschierte, malte ich mir aus, wie es sein würde, wenn ich das wartende Flugzeug betrat: auf dem Arm das Baby, das jetzt noch ein schreiendes Bündel war, im Sommer aber vielleicht schon laufen können würde. Ich stellte mir vor, wie wir in unseren Mietwagen stiegen und die Küste entlang zu unserem hübschen Häuschen fahren würden. Ich spürte bereits die portugiesische

Sonne auf der Haut und schon einen Augenblick später die erquickende Brandung des Atlantiks, der sich glitzernd auf einem Körper brach, der dann schon wieder mir gehören würde.

Enttäuschte Erwartungen

> »Unter Wasser geht das Land weiter.«
> Ludwig Fels

Als ich ein paar Tage nach unserer Rückkehr aus Portugal die Nachbarin aus der Wohnung gegenüber im Treppenhaus traf und sie sich erkundigte, wie unser Urlaub gewesen sei, erzählte ich von einem stillen, grünen Tal, durch das sich ein flüsternder, dunkler Fluss schlängelte, und von der Stelle, an der das Tal sich plötzlich zu einem weiten, weißen Sandstrand öffnete und sich in einer verschwenderischen Mündung mit dem Atlantik vermählte. Ich erzählte vom fangfrischen Fisch in einem ganz einfachen Restaurant an einer Landstraße, von Serpentinenstraßen in einer kargen, bergigen Landschaft, von Männern mit gegerbten Gesichtern, die mit Strohhut und Spitzhacke auf ihrem kleinen Stück Ackerland standen und in der Gluthitze der portugiesischen Nachmittagssonne versuchten, der dürren Erde etwas abzuringen. Ich erzählte vom schlichten, aber köstlichen Abendessen auf unserer Veranda und der flirrenden Hitze über der Terrasse am Pool, von der aus man einen Blick übers ganze Tal hatte. Und weil der Mann unserer Nachbarin Weinliebhaber war, hängte ich auch noch einen Exkurs über die fantastischen portugiesischen Weißweine an, von deren Qualität kaum jemand in Deutschland wusste und die man vor Ort selbst im Supermarkt in exzellenter Qualität bekam.

Nachdem ich in den Monaten zuvor fast ausschließlich über Babyschlaf, Babyzubehör und Babybrei gesprochen hatte, hörte ich mich fast wieder an wie ein richtiger Mensch. Ich hörte mich an wie eine Frau, die bereit war, ins Berufsleben zurückzukehren, abends auszugehen und nicht mehr ausschließlich mit Leuten zu verkehren, die ebenfalls Kinder hatten.

Ich hörte mich fast wieder an wie ich selbst.

Und log ich etwa? Natürlich nicht. Alles, was ich meiner Nachbarin erzählte, stimmte. Es war ein wunderbarer Urlaub gewesen. Portugal war toll, das Alentejo einer der schönsten Landstriche, in denen ich je gewesen war.

Und doch erzählte ich nur einen Teil der Wahrheit.

Ich erzählte jenen Teil der Wahrheit, der sich – weil unser Hirn dazu neigt, Erwartung und Realität in Einklang zu bringen, weshalb uns der Wein im Urlaub stets besser zu schmecken scheint und wir schwören könnten, dass das teure Ariel besser wäscht als das billige Tandil – aus der Vielzahl der Eindrücke durchgesetzt hatte. Jenen Teil, der zu meiner Erinnerung geworden war.

Angela Merkel hat mal gesagt, sie möge an Deutschland besonders gern, dass die Fenster so schön schließen. Ich hatte immer über diesen Satz gelacht, aber in dem südportugiesischen Flusstal begriff ich, was sie damit meinte.

Denn die Wahrheit über unsere Reise ins Alentejo war auch: Das vermeintliche Architektenhaus wirkte wie von einem Hobbyhandwerker zusammengeschraubt. Die Küchenausstattung beschränkte sich auf zwei Herdplatten und eine Nespressomaschine; es gab keine brauchbaren Pfannen oder Messer, die Türen schlossen nicht richtig, und abends hatte man die Wahl zwischen greller LED-Beleuchtung, dem funzeligen Schein einer Stumpenkerze und kompletter Dunkelheit. Wenn man im feuchtkalten Schlafzimmer die Matratze des Bettes anhob, schlug einem der Geruch von Schimmel entgegen. Am Esstisch konnte man nur auf unbequemen Hockern sitzen, die umfielen, wenn man sich nur ein bisschen zu weit nach hinten lehnte.

Ohne Kind wäre das alles nicht weiter tragisch gewesen. Wir wären abends ins Restaurant gegangen und anschließend müde ins Bett gefallen und hätten uns um die Details unserer Behausung nicht weiter gekümmert. So aber versuchten wir Abend für Abend aus den sehr mäßigen Zutaten, die es im fast zwanzig Kilometer entfernten Supermarkt zu kaufen gab, ein brauchbares Essen zusammenzurühren, das wir dann auf Zehenspitzen auf die unbeleuchtete Terrasse trugen und im Schein einer Grabkerze einnahmen, weil die Tür zum Schlafzimmer nicht richtig schloss und wir panische Angst hatten, unseren Sohn zu wecken. Der war nämlich in den letzten Monaten erst so richtig ins Gröbste hineingeraten und schlief nun überhaupt nicht mehr (und wir in Folge auch nicht). Wir betranken uns mit tatsächlich großartigem Wein, allerdings aus bunten, eisbecherförmigen Gläsern. Wir ließen uns von den Mücken zerstechen, die Abend für Abend als gigantisches Geschwader aus der saftigen Vegetation am Fluss stiegen und sich auf uns stürzten. Wir redeten nur leise und hielten jedes Mal den Atem an, wenn auch nur das verhaltenste Knacksen aus dem Babyphone drang.

Das waren die Nächte. Die Tage verbrachten wir zu großen Teilen im Auto, weil das der einzige Ort war, an dem sich unser Sohn hin und wieder zu einem Nickerchen hinreißen ließ. Während wir fuhren, schwiegen wir, zum einen, weil wir befürchteten, das Kind zu wecken, zum anderen, weil wir uns in diesen Tagen über alles Mögliche stritten und nicht sonderlich wild darauf waren, überhaupt miteinander zu reden. Dass wir so schlecht drauf waren, lag nicht in erster Linie am Schlafmangel und auch nicht am anstrengenden Baby, sondern vor allem daran, dass wir merkten, dass wir durch einen bloßen Ortswechsel doch keine anderen Menschen geworden waren. Das, was sich in Berlin noch angefühlt hatte wie Urlaubsbedürftigkeit und Erschöpfung, fiel nicht plötzlich von uns ab, bloß weil wir im Urlaub waren. Was hatten wir uns nur von dieser Reise versprochen? Wir waren Mutter und Vater geworden und würden es auch bleiben, egal wohin wir flüchteten. Wir konnten unsere neuen Rollen nicht abschütteln, ob wir nun in Belize, Barcelona oder Berlin waren. Unser Leben hatte sich verändert, wir mussten es neu justieren, es ließ sich nicht einfach so abstreifen wie ein Winterparka.

Wer in die Fremde fährt, findet sich dort nicht, sondern hat sich selbst im Gepäck – das hätten wir eigentlich wissen müssen. Wer hat noch nie die Erfahrung gemacht, dass er in einem abgeschiedenen Ferienhaus Büroprobleme wälzt? Wer saß noch nie im Wellnessbereich eines fernen Hotels, zu gestresst, um seine Behandlung auch nur ansatzweise zu genießen? Wer hat noch nie erlebt, dass eine vermeintlich große Liebe dem Härtetest des ersten gemeinsamen Urlaubs nicht standhält? Wir entkommen uns nicht, egal wie weit wir wegfahren. Warum nur erhoffen wir uns genau das dann doch immer wieder? Warum bleiben wir nicht einfach zu Hause und machen das Beste aus dem, was wir sind?

Die Reise nach Portugal steckte mir noch lange in den Gliedern, auch als ich längst einen Termin mit einer Schlafberaterin in Berlin-Mitte vereinbart hatte und plötzlich süße, lange Nächte durchschlief. Sie steckte mir noch in den Gliedern, als mein Mann und ich uns längst wieder zusammengerauft und begriffen hatten, dass wir uns unglücklich machen würden, wenn wir mit den engen Grenzen haderten, die einem so ein Kleinkind setzt; dass wir annehmen mussten, was uns das Leben gebracht hatte, anstatt ständig dagegen anzukämpfen. Ich verspürte ihre Nachwirkungen sogar noch während der Kita-Eingewöhnung unseres Sohnes, als die zarte Urlaubsbräune auf meinem Gesicht längst verblasst war. Eigentlich verstrich sie erst, als ich endlich einmal dazu kam, die Urlaubsfotos, die ich mit meiner Kamera gemacht hatte, auf meinen Laptop zu überspielen, wo ich sie leicht bearbeitete – und beim Durchblättern plötzlich die Empfindung hatte, dass es doch ein ziemlich schöner Urlaub gewesen war. Die Bilder, die ich vom Flusstal gemacht hatte, waren herrlich. Das Ferienhaus: wunderschön mit seinen großen Fenstern und alten Kacheln. So niedlich: das vergnügt an einer Fritte nuckelnde Baby. Spektakulär: der Atlantikstrand.

Die Welt zu sehen

> »Iwan Gontscharow wurde während eines Sturmes auf hoher
> See vom Kapitän aus seiner Kajüte geholt: er sei ein Dichter,
> er müsse das sehen, es sei großartig. Der Verfasser des ›Oblomow‹
> kam an Deck, sah sich um und sagte ›Ja Unfug, Unfug!‹.
> Dann ging er wieder hinunter.«
> Thomas Mann

Wenn ich mir als Schülerin etwas Lustiges anschauen wollte, dann schlug ich gern den *Kammerlohr* aus dem Kunstunterricht auf, der mit seinen zum Teil nur briefmarkengroßen und in Schwarz-Weiß gehaltenen Abbildungen meine Begeisterung für Malerei, Architektur und Plastik entfachte wie kaum eine Großausstellung danach. In diesem Buch war im Kapitel über den Klassizismus auf Seite 62 ein Bild von Joseph Anton Koch abgedruckt: »Der Schmadribachfall in der Schweiz« von 1821/22. Damals, mit nicht einmal achtzehn Jahren, empfand ich beim Betrachten dieser heroischen Landschaft eine Art Angstlust – mir stellten sich die Zehennägel auf bei der Vorstellung, eine Gebirgslandschaft so zu idealisieren. Was für eine unsinnige, falsche Idee, ein Kunstwerk schaffen zu wollen, das nicht versuchte, eine Wahrheit einzufangen, sondern etwas erfand, das erhabener, perfekter und großartiger war.

Heute muss ich zugeben, dass Kochs Ansatz sogar ziemlich verbreitet ist: Idealisiere ich nicht selbst meine Welt und mein Erleben, wenn ich mir fast einen Hexenschuss hole, um ein besonders hübsches Plätzchen so zu fotografieren, dass weder der blöde Kiosk noch andere Touristen darauf zu sehen sind? Wenn ich die nicht ganz perfekten Aufnahmen lösche und die verbliebenen durch irgendwelche Filter jage, durch die die Realität beseelter, intensiver, interessanter wirkt, als sie eigentlich ist? (Apropos Filter: Schon im 18. Jahrhundert haben sich die Menschen die Welt so geschönt. Vor allem in England nahm man damals auf Wanderungen als *picnic equipment* gern eine Art tragbaren Instagramfilter mit, ein sogenanntes »Claude-Glas« nämlich, einen kleinen Spiegel, durch den man die Landschaft hinter seinem Rücken betrachten konnte und der so gewölbt und getönt war, dass der gewählte Ausschnitt stets wie eine pittoreske Skizze von Claude Lorrain wirkte.)

Schon klar: Wenn wir verreisen, um ein anderes, ein besseres Ich in uns zu finden, dann brauchen wir auch Beweise dafür, dass uns das zumindest temporär gelungen ist. Dass wir hier ein schönes Detail, da eine verborgene Schönheit, dort eine zauberhafte Lichtstimmung gesehen haben. Und auch: dass wir in der Lage waren, sie zu sehen. Die Erinnerungsfotos, die wir machen, sind Erinnerungen an uns selbst. Das bin ich, sagen sie, und das ist das Leben, das ich dort in der Ferne führte.

Die Welt sehen? Land und Leute kennenlernen? Das mögen wir uns vornehmen, aber tatsächlich sehen wir nur das, was wir sehen wollen. Denn selbst dann, wenn wir unsere Smartphones zu Hause lassen, tun unsere Gehirne das, was sie immer tun: Sie filtern.

Wenn ich an unsere Reise nach Portugal denke, dann beginnt meine Erinnerung damit, wie wir auf einer schmalen Brücke aus Holz das dunkle Wasser des Flusses überqueren. Wie durch die dichte Ufervegetation hindurch plötzlich die weißen Mauern unseres Hauses blitzen. Ich spüre noch heute die sanfte Brise, die durch das Tal in Richtung Atlantik wehte, und erinnere mich genau an den Moment, in dem wir die große Glasschiebetür unseres Hauses zum ersten Mal öffneten. Aber so begann unsere Reise natürlich nicht – mein Gehirn hat nur alles herausgefiltert, was ich nicht erleben wollte und woran ich mich nicht erinnern will. Den hässlichen Bodenbelag im Flughafen Faro etwa, über den wir unseren Rollkoffer zogen. Die ewig lange Schlange, die sich vor dem Häuschen der Autovermietung bildete. Die Werbetafeln, die die Landstraße säumten. Die zerplatzten Insekten auf der Windschutzscheibe. Das von der Sonne versengte Gras in der Mitte eines Kreisverkehrs.

Wir denken, wir machen Urlaub, aber im Hintergrund ist unser Hirn die ganze Zeit damit beschäftigt, unsere zukünftigen Erinnerungen zu sortieren. Es löscht: das staubige Innere der Nachttischschublade. Es löscht: die mehrsprachige Speisekarte, die sich mit einem klebrigen Geräusch von der Plastiktischdecke des Restaurants in der Altstadt löst. Es löscht: den leeren Gefrierbeutel, der sich wie eine tote Qualle auf den leise an den Strand schwappenden Wellen bewegt. Es löscht: den trotz all unserer Bemühungen stets deutsch antwortenden Kellner in Italien. Es löscht: unseren Kampf mit dem Stadtplan einer historischen Innenstadt. Es löscht: tropfendes Eis am Stiel, die im Hotelzimmer ausliegenden Broschüren, die Augenringe des Nachtportiers, das unbequeme Kopfkissen, das uns den Schlaf raubte. Es löscht alle uniformen Vorstädte. Alle Gewerbegebiete. Alle Fußgängerzonen mit H&M-Filialen. Es löscht im Großen und Ganzen alles, was wir nicht sehenswert oder typisch finden – oder zumindest so untypisch, dass es schon wieder skurril ist (eine Betrachtungsweise der Welt, auf die sich mein Ex-Freund U. spezialisiert hatte, der auf seinen Asienreisen am liebsten bayerische Bierkneipen fotografierte).

Instagram und Facebook, unsere Fotoalben und unsere Gehirne sind voll von erwartbaren Bildern, voll von Klischees. Wir fahren nach Paris und freuen uns, wenn wir einen besonders pittoresken Blick über die Dächer der Stadt auf den fernen Eiffelturm erhaschen. Wir reisen nach Venedig und bekommen Herzklopfen, wenn der Canal Grande im ersten Morgenlicht tatsächlich wie auf einer der Veduten Canalettos aussieht. Wir freuen uns, etwas Typisches zu essen – oder zumindest etwas, von dem wir glauben, dass es typisch ist. Wir wundern uns darüber, dass ein Gebäude viel größer ist, als wir dachten, oder ein berühmtes Gemälde viel kleiner. Ich weiß noch, dass mich auf meiner Reise durch Namibia am meisten etwas erstaunte, was ich bereits wusste, nämlich dass das Land so dünn besiedelt ist, dass man Dutzende Kilometer fahren kann, ohne etwas anderes als Wüste zu sehen. Die Wüste selbst fand ich eigentlich eher langweilig und öde, weil ihre Weite letztlich theoretisch ist – anders als am Meer sieht man ja nie bis zum Horizont, sondern immer nur bis zur nächsten Anhöhe oder Düne.

Im Prinzip verhalten wir uns auf Reisen wie das Publikum eines Konzerts, das genau in dem Moment johlt, wenn es nach ein, zwei Takten den Hit erkennt, den die Band gerade anstimmt. Oder wie Museumsbesucher, die stets vor den Bildern stehen bleiben, die sie bereits von Reproduktionen kennen. Wir vergleichen die Realität mit der Vorstellung, die wir von ihr haben; wir sehen, was wir erwarten zu sehen oder was wir zu unserem Wissen in Bezug setzen können.

Müssen wir uns deswegen schlecht fühlen? Natürlich nicht. Selbst Sigmund Freud wollte im Süden vor allem »verifizieren«, ob das Bild stimmte, das er sich von Italien machte; Mark Twain erzählt in *Die Arglosen im Ausland*, wie er in Paris die Kathedrale Notre-Dame besichtigt und sich freut, dass sie »wie auf den Abbildungen« aussieht. Über den Tunnelblick, den Touristen entwickeln, hat sich schon 1829 der Schriftsteller Wilhelm Waiblinger lustig gemacht, als er in seiner Novelle *Die Briten in Rom* jene wohlhabenden Engländer karikierte, die in gestrecktem Galopp an Roms Altertümern vorbeiritten, um sie dann in ihren reich bebilderten Reiseführern abstreichen zu können.

Nein, wir müssen uns deswegen nicht schlecht fühlen. Es stellt sich aber die Frage: Müssen wir überhaupt verreisen?

Denn nicht einmal in dem, was wir für ein Reiseziel und eine Sehenswürdigkeit halten, sind wir autonom. Die Reisebranche weiß: Sehnsuchtsorte ändern sich. Träumte der Deutsche lange vor allem von einem Sommer am Mittelmeer, heißen laut *Lonely Planet* die Trenddestinationen 2019 Chile, Südkorea, Simbabwe und Panama. Seit es schick geworden ist, sich für Essen zu interessieren, kann sogar eine schäbige Trattoria am Rand einer umbrischen Landstraße, in die früher kein Tourist der Welt ohne Not einen Fuß gesetzt hätte, zum Reiseziel für Foodies aus aller Welt werden – nur weil der italienische Slow-Food-Führer davon schwärmt, dass dort Wildtauben auf eine ganz spezielle Weise zubereitet werden.

Und selbst das, was wir beim Reisen *empfinden*, unterliegt einem ständigen Wandel. Die Alpen etwa galten bis ins 18. Jahrhundert hinein nur als besonders lästiges Hindernis auf dem Weg zu den Kunstschätzen Italiens – erst in der Zeit der Romantik sah man sie sich genauer an und erschauerte plötzlich angesichts der Erhabenheit der steinernen Massen. Noch fünfzig Jahre zuvor hätte Joseph Anton Koch den »Schmadribachfall« nicht so malen können, wie er es getan hat, weil die Natur noch ganz anders wahrgenommen wurde. Ruinen waren lange Zeit nicht mehr als alte Steinhaufen, keiner besonderen Beachtung würdig – erst in den letzten Jahrzehnten des 18. Jahrhunderts glaubte man plötzlich, dass sie die Zeit selbst verkörperten, dass sie von der Schönheit und ihrer Vergänglichkeit erzählten. Und sogar das Meer, das Sehnsuchtsziel schlechthin, war lange nichts, wozu man ein inniges Verhältnis pflegte – was man schon daran sieht, dass große Städte wie Rom, London oder Athen zwar durchaus in Küstennähe, aber nicht direkt am Wasser gebaut wurden. Massenhaftes Baden am Strand? Hat es vor uns in keiner Kultur gegeben. Man ging ins Meer, wenn es sich nicht vermeiden ließ, beispielsweise weil man Fischer war oder weil man nach Perlen tauchte. Erst als Studien die gesundheitsfördernde Wirkung von Sonnenlicht und Meerwasser rühmten, entstand in Brighton Mitte des 18. Jahrhunderts das erste Seebad der Welt – wobei noch Johann Gottfried Seume 1805 beteuern musste, »kein sittenloser Mensch« zu sein, weil er hin und wieder im Freien gebadet hatte. Die Röcke der Badekleider waren unten mit Blei eingefasst, damit der Auftrieb sie nicht nach oben steigen ließ. Die Sonne? War etwas, wovor man sich besser schützte: etwa durch einen der Strandkörbe, wie sie ab 1882 von einem Rostocker Korbmacher hergestellt wurden – damals war Bräune ja noch plebejisch und kein Gradmesser für Urlaubseffektivität. Die Riviera war kein Ort, an dem man sich im Sommer aufhalten würde, Nizza galt als Winterhauptstadt der Welt und die Grand Hotels von Cannes und San Remo hatten außerhalb der Saison, die von Januar bis März ging, geschlossen – in den wärmeren Monaten fürchtete man sich vor Malaria und ungesunden Dünsten.

Heute will uns nicht nur die Tourismusindustrie weismachen, es sei ein menschliches Grundbedürfnis, zwei Wochen auf den Malediven zu brutzeln, auf einem Kreuzfahrtschiff durch die Meere zu schippern oder im Sommer irgendwohin zu fliegen, wo es noch heißer ist als zu Hause. Es gilt als eine Bildungslücke, nie in Florenz gewesen zu sein oder die Provence nicht zu kennen; nicht zu wissen, wann der Italiener Cappuccino trinkt und wie man als Japaner sein Sushi isst. Dabei waren Reisen bis ins 17. Jahrhundert nicht einmal in Adelskreisen verbreitet und wurden für die breite Bevölkerung in Deutschland überhaupt erst mit »Kraft durch Freude« im Nationalsozialismus möglich. In den Jahrhunderten und Jahrtausenden zuvor waren die Menschen ganz sicher nicht mit allem zufrieden, aber zumeist ganz froh darüber, wenn sie zu Hause bleiben konnten. Gut möglich, dass sich das Verreisen irgendwann als eine vorübergehende Mode entpuppt, als Phänomen einer bestimmten Zeit – wie der Glaube an Hexerei, Aderlässe oder das Pudern von Perücken.

Kollaps

»Es ist fast so, als hätten wir ein Feuer gemacht, um uns zu wärmen, und würden (…) nicht bemerken, dass die Möbel schon in Flammen stehen.«
James Lovelock

Im Prinzip wären die Unzulänglichkeiten des Reisens natürlich nicht weiter schlimm. Wir geben unserem Fernweh nach, um uns irgendwo anders für ein paar Tage oder Wochen anders zu fühlen (oder auch nicht). Wir sitzen dabei Moden auf, aber was soll's – einen ungefilterten Blick für die Realität haben wir ja auch daheim nicht unbedingt. Und ist es nicht besser, wenigstens zu versuchen, die Welt zu erkunden, als immer nur im eigenen Saft zu schmoren und sich womöglich noch über alles Fremde zu beschweren, das in die Heimat dringt?

Und außerdem: Was gibt es Schöneres, als sich im November noch mal ein paar warme Tage zu bescheren und auf einer Caféterrasse in Südfrankreich in die Sonne zu blinzeln, während Deutschland im Niesel versinkt? Wäre man nicht blöd, sich um solche Auszeiten zu bringen? Ist nicht selbst schuld, wer den ganzen Winter zu Hause bleibt und über Depressionen klagt, wenn er zum Preis eines Kinobesuchs einen Flug nach Palermo buchen könnte?

Dass die ganze Reiserei ökologischer Irrsinn ist, das wissen wir selbstverständlich. In der Rangliste der größten Treibhausgasverursacher Europas ist der Billigflieger Ryanair gerade auf Position 10 gestiegen – die neun Listenplätze davor werden von neun Braunkohlekraftwerken belegt (davon, aber das nur nebenbei, sieben in Deutschland). Gewissensbisse haben wir deshalb trotzdem kaum, zumindest nicht genug, um uns das Fliegen zu verkneifen. Dabei hat die Klimaschutzorganisation Atmosfair errechnet, dass jeder Mensch pro Jahr einen maximalen Ausstoß von 2,3 Tonnen CO_2 verursachen dürfte, wenn sich die Erde bis zum Jahr 2050 nicht um mehr als zwei Grad erwärmen soll (im Augenblick liegt der Durchschnittsdeutsche bei 11,63 Tonnen).

Mit diesen 2,3 Tonnen könnte man einmal über den Atlantik fliegen oder eine exakt neun Tage dauernde Kreuzfahrt unternehmen, ja man könnte sogar 12 000 Kilometer mit einem Mittelklassewagen fahren. Nur hätte man dann noch nicht geheizt, nicht eine Folge der neuesten Netflix-Serie gesehen, keinen einzigen Kaffee mit Milch getrunken und kein noch so winziges Rindersteak in die Pfanne gelegt (dessen Produktion wiederum so viel CO_2-Emissionen wie eine Autofahrt von 80 Kilometern zur Folge hat).

Manche Dinge entpuppen sich, betrachtet man sie genauer, als weniger schlimm, als sie scheinen – das Reisen gehört nicht dazu. Zusätzlich zum CO_2, das beim Fliegen in die Luft geblasen wird, tragen auch die von Flugzeugen verursachten Schleierwolken und Kondensstreifen zur Erderwärmung bei; obendrein bilden die Stickoxide aus den Abgasen das Treibhausgas Ozon. Bei Schiffsreisen vergrößert sich der Schaden über den reinen CO_2-Ausstoß hinaus, weil große Schiffe meist mit billigem Schweröl fahren und die Feinstaub- und Rußemissionen, die dabei entstehen, vor allem in Hafenstädten die Luft vergiften – angeblich verursachen Schiffsabgase allein in Europa rund 50 000 vorzeitige Todesfälle pro Jahr.

Nicht einmal die Bahn, die umweltbewusste Großstadt-LOHAs gerne nutzen, schneidet sonderlich gut ab, wenn man bedenkt, wie schlecht die Züge immer noch ausgelastet sind und wie viele Tonnen Maschine pro Passagier bewegt werden müssen – und wenn man den »Anfahrtumwegfaktor« einrechnet, also die Tatsache, dass Passagiere auch noch die Wege zum und vom Bahnhof zurücklegen müssen. Als umweltfreundlichstes Transportmittel erweist sich ausgerechnet jenes, von dem viele instinktiv glauben, es müsse die Atmosphäre am stärksten verschmutzen und in dem wir Großstadtsnobs die Leute vermuten, die beim Discountereinkauf ohne schlechtes Gewissen eine Plastiktüte nehmen: Ein Reisender verursacht in einem Fernbus 20 Prozent weniger CO_2 als in einem mit Ökostrom betriebenen ICE. Das Umweltbundesamt weiß: Je höher das Einkommen, desto höher der Umweltverbrauch.

Umweltbewusstes Reisen, so liest man überall, wird immer mehr zum Thema – mehr als die Hälfte der deutschen Urlauber legt laut der Forschungsgemeinschaft Urlaub und Reisen (FUR) Wert auf nachhaltigen Urlaub und sieht auch ein, dass dafür jeder selbst verantwortlich ist. Aber wie soll nachhaltiges Reisen eigentlich gehen? Wer von Berlin nach Kerala fliegt, um dort im Ayurveda-Retreat zu sich selbst zu finden, hat, noch bevor er den ersten Löffel seines veganen Frühstücksbreis probieren konnte, allein durch den Hinflug mehr CO_2 produziert als ein Durchschnittsinder in einem ganzen Jahr. Wer seinen Skiurlaub in einem Südtiroler Biohotel verbringt, kann noch so viele Spiegeleier von den hauseigenen Hühnern frühstücken: Die Bergwelt, an deren Zerstörung er sich beim anschließenden Tiefschnee-Wedeln mitschuldig macht, rettet er dadurch nicht. Und wer sich auf eine Antarktiskreuzfahrt begibt, um dort eine scheinbar unberührte Natur zu bestaunen, muss der Tatsache ins Auge sehen, dass er sie im selben Aufwasch zerstört, denn der Ruß, den die Schiffe in die Luft pusten, setzt sich in dunklen Partikeln auf dem Eis ab, das sich dadurch schneller aufheizt und schmilzt. Nach uns die Sintflut – wortwörtlich.

Man könnte den Schaden, den man durch seine Reisen anrichtet, zumindest durch eine CO_2-Kompensationszahlung an eine Organisation wie MyClimate oder Atmosfair ein klein wenig mildern. Doch das tut nach wie vor nur ein verschwindend geringer Anteil der Reisenden – dabei würde das im Falle des Kerala-Urlaubs nur 139 Euro kosten und für einen Flug von Berlin nach München gerade einmal 10 Euro.

Und anstatt uns zu beschränken, verreisen wir immer mehr: Der Tourismus ist einer der am schnellsten wachsenden Industriezweige überhaupt. Seit 1990 hat sich die Zahl der Flugpassagiere weltweit beinahe verdoppelt – fast vier Milliarden Menschen haben sich in die Flieger und Billigflieger gesetzt. In Deutschland ist die Zahl sogar um 250 Prozent gestiegen. Flughäfen versinken im Chaos, der Luftraum ist überfüllt. Gab es laut der Weltorganisation des Tourismus (UNWTO) 1950 noch 25,3 Millionen internationale Reisende, waren es 2015 schon 1,186 Milliarden – das ist ein Anstieg um beinahe das Fünfzigfache. Bleibt die aktuelle Entwicklung konstant, dann wird der Flugverkehr im Jahr 2050 für 22 Prozent der weltweiten CO_2-Emissionen verantwortlich sein – so prognostiziert es das Öko-Institut Freiburg. Laut einer 2018 im renommierten Magazin *Nature* veröffentlichten Studie stiegen allein von 2009 bis 2013 die durch den Tourismus verursachten Emissionen von 3,9 auf 4,5 Milliarden Tonnen CO_2 jährlich. Auf der Rangliste der internationalen Klimasünder liegen wir Deutschen übrigens auf Platz 3, hinter den USA und China, vor Indien, Mexiko, Brasilien und Kanada.

Dank Billigfluglinien wie Easyjet und Ryanair ist Reisen zu einer Art Jedermannsrecht geworden – unter »Urlaubsanspruch« verstehen wir schon lange nicht mehr nur das Recht auf Erholung, sondern das Recht darauf, jederzeit in einen Flieger zu steigen und an den Ort zu düsen, nach dem uns gerade ist. In ein Land, in dem vielleicht gerade die Sonne scheint und in dem die Leute entspannter wirken als hier. In eine Stadt, in der wir die Restaurants cooler, eleganter oder rustikaler finden und alles irgendwie anders ist als hier. Das Reisen ist so billig, dass wir es aus einer Laune heraus tun können, mit derselben Spontaneität, mit der wir uns ein hübsches T-Shirt in Blau *und* Grün kaufen oder eine neue Joghurtsorte ausprobieren.

Von den 11,63 Tonnen CO_2, die ein Durchschnittsdeutscher im Jahr ausstößt, geht der größte Anteil (4,4 Tonnen) auf unseren allgemeinen Konsum, 1,7 Tonnen auf unsere Ernährung, 2,5 Tonnen auf Heizung und Strom und »nur« 2,2 Tonnen – ein knappes Fünftel – auf den Bereich Mobilität. Es ist unbestreitbar: Wir sollten weniger kaufen, weniger Fleisch verzehren und unsere Haushalte möglichst energieeffizient ausrüsten. Doch zugleich *müssen* wir heizen und essen, wir brauchen Haushaltswaren, Kleidung und Schuhe. Reisen dagegen müssen wir – es sei denn, Job oder Familiensituation zwingen uns dazu – eigentlich nicht.

Acht Prozent des weltweiten Treibhausgasausstoßes gehen auf den Tourismus – auf unsere Flüge und Hotelübernachtungen und beheizte Pools und Mietwagen und Kreuzfahrtschiffe. Trotzdem haben wir das Gefühl, dass nicht wir es sind, die Schuld am Klimawandel haben, sondern Donald Trump, die Chinesen und natürlich die Petroindustrie. Wir, wir kaufen ja schon extra nur noch Biofleisch, Kosmetik ohne Tierversuche und fair gehandelten Kaffee. Ein bisschen in der Sonne relaxen, das wird man ja wohl noch dürfen.

Bis vor wenigen Jahren galten die Bettenburgen entlang der Adria und der Algarve als das hässliche Gesicht des Massentourismus, aber wenn man heute auf das Zeitalter der Pauschalreise blickt, erscheint diese Art des Reisens eigentlich ziemlich beschaulich. Sicher, auch damals setzten sich die Urlauber schon in den Flieger – doch sie haben für ihren Thailandurlaub nicht noch Abstecher nach Myanmar, Laos oder Vietnam eingeplant; sie sind nicht für ein paar Tage nach Neapel gedüst, um von dort aus schnell noch Capri, Ischia und die Amalfiküste abzuhaken; sie sind nicht nach San Francisco geflogen, um von dort mit einem Sechs-Tonnen-Wohnmobil nach Portland zu fahren. Und vor allem: Sie haben ihre Umgebung in Ruhe gelassen. Sie sind in den eigens für sie errichteten Hotelanlagen geblieben, haben Sandburgen gebaut, sich am Büffet sattgegessen und waren damit zufrieden.

Heute macht nur noch die Hälfte aller Reisenden in Europa Urlaub am Strand. Stattdessen steigt die Zahl der Kurzurlaube und Städtereisen, und das ist nicht nur ökologisch problematisch. Immer mehr Städte und andere Destinationen ächzen unter der Last der über sie herfallenden Besucher. 2006 kamen 7 Millionen Besucher nach Berlin, 2016 waren es 12,7 Millionen. In Rom haben 2016 fast 7 Millionen internationale Gäste übernachtet, in Paris beinahe 16, in London sogar fast 20. Das kleine Venedig beherbergt mehr Touristen als Einheimische, und das an jedem einzelnen Tag – das sind Massen, die die Infrastruktur dieser Städte dem Kollaps nahebringen. Angeheizt wird diese Entwicklung durch Kreuzfahrtschiffe und Billigflieger und durch Internetportale wie Airbnb, wo ganz normale Mietwohnungen tage- und wochenweise an Touristen vermietet werden, was dazu führt, dass der Tourismus sich nicht mehr auf einige wenige Sightseeing-Spots und die dazugehörenden Hotels konzentriert, sondern in Ge-

genden vordringt, in denen die Bevölkerung bis dahin ihre Ruhe hatte, und dazu, dass diese Wohnungen dann auf dem Immobilienmarkt für Einheimische fehlen.

Overtourism, Übertourismus, ist das Wort dazu – es bezeichnet den Umstand, dass der Funktionsmix, der eine Stadt ausmacht, durch ein Übermaß an Tourismus aus dem Gleichgewicht gerät. In einer gesunden Stadt wird gearbeitet, gewohnt, eingekauft und sich amüsiert – es gibt teure und billige Geschäfte, Sozialwohnungen und luxuriöse Dachgeschosse, Einzelhandel, Cafés. Doch je mehr Touristen kommen, desto stärker steigen die Gewerbemieten. Alteingesessene Geschäfte müssen schließen, stattdessen breiten sich die Ketten aus. Das Ergebnis sind sich überall immer ähnlicher werdende Stadtzentren, deren Bewohner an die Stadtränder verdrängt werden und touristische Themenparks hinterlassen, die mit einer Authentizität locken, die längst eine Lüge ist.

Overtourism meint aber auch den Müll, den Pilgerreisende nach Papstaudienzen auf dem Petersplatz hinterlassen. Den nächtlichen Feierlärm des internationalen Easyjetsets, der Anwohner in Berlin, Barcelona oder Amsterdam auf die Barrikaden bringt. Die Tatsache, dass dank der Touristenmassen im Sommer auf Mallorca das Trinkwasser knapp wird und dass im Louvre nicht mehr die Mona Lisa die wichtigste Sehenswürdigkeit ist, sondern die Menschentraube davor, die versucht, da Vincis Meisterwerk mittels Selfiesticks zu fotografieren. Overtourism meint die Befürchtung vieler Isländer, dass der Tourismus genau das zerstört, weswegen die ausländischen Besucher kommen: Einsamkeit, Ruhe und unberührte Natur.

Denn das ist der vielleicht absurdeste Aspekt des Reisens: Wir sehnen uns nach Unberührtheit und nach authentischem Leben, nach dem »echten« Namibia, dem »echten« Neapel, dem »echten« Neukölln. Wir wenden unfassbare Mühen auf, um dieses eine, ganz besondere Lokal zu finden, in dem es noch traditionelle Küche nach alten Rezepten gibt und das ausschließlich Einheimische frequentieren. Wir suchen diesen einen Kiez, der vom Tourismus noch nicht entdeckt wurde, und verdrängen dabei die Tatsache, dass die Touristen natürlich nicht nur die anderen sind, sondern auch wir selbst. »Der Tourist zerstört, was er sucht, indem er es findet«, lautet ein Zitat, das Hans Magnus Enzensberger zugeschrieben wird. Damit ist gemeint, dass ein Strand nicht mehr einsam ist, sobald wir uns dort befinden, und die Trattoria, in der wir verstohlen unterm Tisch nachschlagen, was genau *palombe alla ghiotta* eigentlich sind, allein durch uns von Touristen frequentiert wird. Es gab mal diesen »Verstehen Sie Spaß«-Sketch, bei dem das Team der Fernsehsendung den berühmten Bergsteiger Reinhold Messner knapp unterhalb des Matterhorn-Gipfels auf einen eigens errichteten Kiosk treffen ließ (der außer Tageszeitungen, Snacks und Souvenirs auch Reinhold-Messner-Bücher im Angebot hatte). Wie Messner sich über die vermeintliche Touristisierung aufregte, war wahnsinnig komisch und ist ein legendärer Moment deutscher TV-Geschichte. Reinhold Messner konnte damals offenbar tatsächlich noch daran glauben, dass das Matterhorn nur ernsthaften Bergsteigern wie ihm gehöre. Dabei dürfte er durch seine ständige Medienpräsenz unfreiwillig dazu beigetragen haben, dass die Bergsteigerei zum Massenphänomen geworden ist und die Hobbyclimber vor manchen Gipfeln Schlange stehen.

Lange haben wir uns vorgestellt, dass der Tourismus ein lineares Phänomen ist: Menschen pilgern zu einem bestimmten Ziel, gucken es sich an und reisen dann wieder zurück. Heute wissen wir: Der Tourismus ist ein reziprokes Phänomen. Er verändert die Welt, erfindet Reiseziele – und vernichtet sie.

In den großen Touristenstädten haben die Bewohner angefangen, sich gegen die Einnahme durch die Touristen zur Wehr zu setzen. In Palma wurden Touristen mit Pferdeäpfeln beworfen, in Valencia hielten linke Aktivisten ein Urlaubsappartement besetzt, in Lissabon hat sich eine Initiative gegen die Vermüllung der Altstadt gegründet. In Amsterdam ist Overtourism längst Wahlkampfthema, in Venedig haben sich Widerstandsgruppen gebildet, die politischen Druck ausüben. Berlin hat ein Zweckentfremdungsverbot für Wohnraum erlassen. Die Bürgermeisterin von Barcelona verhängte ein Moratorium für den Neubau von Hotels. Und in Neuseeland werden Touristen zukünftig Eintritt zahlen müssen. Der Tourismusmanager Stephen Hodes schlug in einem Interview mit dem Berliner *Tagesspiegel* vor, die Zahl der Städtetouristen zu limitieren: »Wir müssen ein *Ausverkauft*-Schild an unsere Städte hängen. Sonst sind unsere Städte bald kein Ort zum Leben mehr, sondern eine lebensfeindliche Transitzone für Besucher, Touristen oder Expats.«

Die UNESCO hat gedroht, Dubrovnik von der Weltkulturerbe-Liste zu streichen, wenn es der Stadt nicht gelingt, die Zahl der Besucher zu senken. Das wäre vermutlich das Beste, was ihr passieren könnte, wenn man bedenkt, wie oft das Siegel, das ja eigentlich helfen soll, einen Ort zu bewahren, das Gegenteil bewirkt. Wo Weltkulturerbe ist, sind die mit Schirmen bewaffneten Feldherren nicht weit, die ihre Touristenhorden zum Zerstörungswerk führen: Ob San Gimignano oder Salzburg, Verona oder Venedig, Porto oder Prag, ob Edinburgh, Avignon oder Brügge – all diese historischen Stadtzentren wurden von ihren Besuchern zu Tode geliebt. Ihre hübschen Fassaden sind Kulissen geworden, in denen kein Leben mehr herrscht, sondern nur noch die Tourismusindustrie mit ihren Hotels, Restaurants und Boutiquen.

In der Altstadt von Dubrovnik gab es 2016 107 Souvenirgeschäfte und 143 Restaurants – aber nur noch 4 Lebensmittelläden. Städte, die einmal Heimat für Menschen waren, verwandeln sich in Orte, die kaum authentischer als Disneyland sind. Es sind »Stadtpräparate«, wie der Journalist Marco d'Eramo sie in seinem Buch *Die Welt als Selfie* nennt: »innerlich entleert wie bei einer Mumifizierung«.

CNN und das amerikanische Reiseportal Fodor's Travel haben unlängst eigene »Not-to-go-Listen« herausgegeben, die neben Amsterdam, Dubrovnik und Venedig einige der herrlichsten Fernweh-Destinationen dieser Welt enthalten: Bhutan und Barcelona, Machu Picchu und Mallorca, Santorin und die Isle of Skye, das Tadsch Mahal und die Cinque Terre, Galápagos, die Antarktis, den Mount Everest. Gleichzeitig empfiehlt der *Lonely Planet* seit einigen Jahren Reiseziele, die »bisher übersehen und unterschätzt und definitiv einen Besuch wert sind, bevor die Massen sich dorthin begeben« – und macht damit klar, dass es allenfalls zu einer Verschiebung des Problems führt, wenn die wachsende Schar der internationalen Reisenden kurzerhand irgendwo anders hinfährt. Denn sie kann jede Stadt, jeden Strand, jede historische Stätte binnen weniger Jahre ersticken, wie inzwischen selbst Orte erfahren müssen, die von der Tourismusindustrie noch gar nicht richtig erschlossen sind: Manchmal genügt es, dass eine kritische Masse von Influencern auf Instagram ein paar hübsche Fotos postet – und schon folgen ihr die Follower auch analog dorthin. Der Pragser Wildsee, bis vor Kurzem ein Geheimtipp mit einem selten ausgebuchten Hotel, bringt es bei Instagram inzwischen auf fast 200 000 Beiträge, und das nur, weil er so hübsch türkis ist (und man ihn offensichtlich gut so fotografieren kann, dass seine Ufer menschenleer aussehen). Und das Dorf Hallstatt im Inneren Salzkammergut wird seit einer Weile von Touristen aus China, Taiwan, Südkorea, Japan und anderen ostasiatischen Ländern überrannt, die dort begeistert die lokale Idylle aus See, Bergen und Örtchen knipsen (und natürlich sich selbst, im Dirndl aus dem eilig eröffneten Verleih). Eine Million Besucher waren 2018 in Hallstatt, 150 000 haben dort übernachtet – bei gerade mal 780 Einwohnern, die verständlicherweise nicht alle von der Popularität ihres Dorfes begeistert sind. »Jeder in China kennt Hallstatt«, so heißt es – in der chinesischen Provinz Guangdong gibt es sogar einen Nachbau des Hallstatter Marktplatzes, allerdings spiegelverkehrt.

Nichtstun als Tun

»*Wenn Sie sich anschauen, welche Optionen uns heute zur Verfügung stehen, dann ist es tatsächlich so, dass das Nichtstun sehr viel Unheil verhindern kann.*«
Harald Lesch bei Anne Will am 31. März 2019

Heißt das nun, dass wir nie wieder verreisen dürfen? Mein Mann und ich hatten ja schon versucht, unser Reiseverhalten zu verändern und nicht jedem Impuls direkt zu folgen. Wir diskutierten immer wieder, wie es wäre, wenn wir im Sommer einfach zu Hause blieben (eigentlich nicht so schlimm) und ob er seine Geschäftsreisen nach London oder New York nicht einfach abblasen könnte (konnte er nicht). Der Gedanke daran, auf alle verzichtbaren Flugreisen tatsächlich zu verzichten, wirkte geradezu euphorisierend. Wir konnten nicht aufhören zu heizen, wir konnten auch nicht aufhören zu essen, aber es gab nichts, was uns dazu zwang, Urlaub in Asien zu machen. So könnten wir endlich einmal etwas tun, statt immer nur von Veränderung zu reden.

Uns war natürlich klar, dass wir damit die Welt nicht retten würden – dass es kaum einen Unterschied macht, wenn wir als kleine Familie etwas weniger CO_2 in die Luft pusten, aber sonst nichts gegen den Klimawandel unternommen wird. Hier ist vor allem die Politik in der Pflicht, die endlich das umsetzen muss, was letzlich alle fordern, die sich mit der Erderwärmung befassen: den Ausstieg des industrialisierten globalen Nordens aus der kapitalistischen Wachstumslogik. Forscher auf der ganzen Welt sind sich einig: Wir dürfen uns nicht länger mit Diskussionen über Tempolimits und Fahrverbote aufhalten, sondern müssen auf der Stelle Verbrennungsmotoren verbieten, den Kohleausstieg umsetzen, Altbauten isolieren und dafür sorgen, dass Fleisch und Flugreisen deutlich teurer werden. Es muss eine CO_2-Steuer eingeführt werden, damit die Preise die ökologischen Kosten spiegeln und der Innovationswettlauf beginnt, den unser Planet so bitter benötigt.

Doch wann wird das geschehen? Noch sind wir weit davon entfernt, auch nur einen dieser Punkte umzusetzen. Im Gegenteil, der Luftverkehr wird sogar noch subventioniert: indem Flughäfen von Steuergeldern gebaut werden, indem Kerosin nicht besteuert wird, indem auf Flugtickets (anders als auf Bahntickets übrigens) keine Mehrwertsteuer erhoben wird. Wer sich schon mal gefragt hat, wie es sein kann, dass Ryanair einen Mallorca-Flug für 1,99 Euro anbietet, hat hier die Antwort – letzlich unterstützt die Bundesregierung mit unseren Steuergeldern den Irrsinn, an dem die Welt zugrunde geht. Und warum? Weil der Tourismus längst zu einer der wichtigsten Industrien des 21. Jahrhunderts geworden ist. Weltweit hängt jeder zehnte Arbeitsplatz davon ab, schon in Deutschland trägt er mehr zum Bruttosozialprodukt bei als Maschinenbau und Einzelhandel. Ohne ihn würden manche Regionen und Länder vermutlich in Armut versinken.

Dabei ist es weiterhin eine privilegierte Schicht von Menschen, die es sich leisten kann, mehrmals im Jahr zu fliegen. Gerade einmal 3 Prozent der Weltbevölkerung sind in Jahr 2017 geflogen, 80 Prozent haben noch nie ein Flugzeug von innen gesehen. Doch gerade die Ärmsten der Welt werden die Zeche bezahlen müssen für die Party, die ihr reicherer Teil gegenwärtig feiert.

Auch deshalb fanden wir, dass wir unser Verhalten weder von der Politik abhängig machen konnten noch davon, wie klein oder groß seine Wirkung ist. Wir wussten, dass es *falsch* war, weiter rücksichtslos Treibhausgase in die Atmosphäre zu pusten. Wie konnten wir in aller Ruhe darauf warten, dass es uns die Politik verbieten würde? Wir wollten uns *ethisch* verhalten – und das bedeutete, das *Richtige* zu tun, selbst dann, wenn dieses Tun allein kaum einen Effekt haben würde. Allen schlauen Argumenten zum Trotz waren wir Teil des Problems, also mussten wir auch Teil der Lösung werden.

Vielen Menschen erscheint der Klimawandel immer noch abstrakt, ein historischer Prozess, der langsam vonstattengeht und eher vage Schuldgefühle auslöst als den dringenden Wunsch, ihm etwas entgegenzusetzen. Sie glauben, dass er vor allem irgendwas mit Eisbergen zu tun hat und mit den armen Menschen auf den Fidschi-Inseln, die den Anstieg des Meeresspiegels ganz unmittelbar spüren werden. Sie denken oder hoffen, dass er die Menschen der westlichen Welt nicht betrifft – und sitzen dem Irrglauben auf, dass es dem Menschen bis jetzt ja ganz gut gelungen sei, sich die Natur untertan zu machen, und dass uns unser Reichtum schützen werde. Sie tun sich schwer mit der Vorstellung, dass das Pendel nun zurückschwingt.

Doch das geschieht gerade, und das Wort Klimawandel ist ein Euphemismus dafür. Klimakrise, Klimakatastrophe – das trifft es schon eher. Es ist eine Katastrophe, die langsam sichtbar wird und die mit jedem Tag, an dem wir so weitermachen wie bisher, an Fahrt aufnimmt. Mehr als die Hälfte des Kohlendioxids, das durch die Verbrennung fossiler Energieträger in die Atmosphäre gelangt ist, stammt aus den letzten dreißig Jahren, also aus der Zeit seit der Kinopremiere von *Arielle, die Meerjungfrau* und *Zurück in die Zukunft 2*. *Wir* sind es, die dieses Desaster verursacht haben, und wir treiben es weiter voran, mit jedem Steak, das wir essen, mit jedem Grad Celsius, um das wir es uns in unseren Wohnungen muckeliger machen – und mit jeder Flugreise, die wir unternehmen. Wir treiben es voran, während wir auf die neue Staffel von *Sex Education* warten, während wir den Biomüll runterbringen, während wir auf Plastiktüten verzichten. Wir treiben es voran, während wir uns über Donald Trump und die AfD ärgern, den Fridays-for-Future-Aktivisten Schulschwänzerei unterstellen und immer noch über die Migrationspolitik der Merkel-Regierung diskutieren. Apropos Migration: All jenen, die jetzt mit populistischem Gepolter von dem ablenken, was Deutschland, Europa und die Welt in diesem Augenblick *wirklich* bedroht, sollten wissen, dass es nach Schätzungen der Weltbank bis 2050 ganze 140 Millionen Klimaflüchtlinge geben wird (die Internationale Organisation für Migration rechnet damit, dass es bis dahin sogar 200 Millionen sein werden).

Im Klimaabkommen von Paris 2015 haben sich die teilnehmenden Staaten darauf geeinigt, die Erderwärmung auf zwei Grad gegenüber der vorindustriellen Zeit zu beschränken. Doch schon drei Jahre später hat der Weltklimarat (IPCC) in einem Sonderbericht aufgezeigt, dass selbst diese zwei Grad zu dramatischen Kippeffekten führen könnten, und deshalb 1,5 Grad Erderwärmung als neues Ziel ausgegeben, verbunden mit dem Aufruf, »rasche, weitreichende und beispiellose Veränderungen in sämtlichen Bereichen der Gesellschaft« durchzuführen, zum Beispiel, fossile Energien wie Kohle und Erdgas praktisch überhaupt nicht mehr zu nutzen und den weltweiten CO_2-Ausstoß bis 2050 auf null zu senken. Das Problem ist jedoch, dass wir weit davon entfernt sind, auch nur das Zwei-Grad-Ziel von Paris annähernd zu erreichen – bekanntlich hat Donald Trump das Abkommen ja sogar gekündigt. Doch selbst wenn es uns gelänge, die Ziele zu erreichen: Den internationalen Tourismus würde die Vereinbarung kaum tangieren, denn jeder Flug, der über eine Landesgrenze hinweggeht, fällt aus der Rechnung, weil unklar ist, auf wessen Konto die Emissionen gehen.

Wie also konnten wir so weitermachen wie bisher und darauf warten, dass die Politik zu irgendwelchen Entscheidungen kommt, die sich dann doch nur wieder als faule Kompromisse herausstellen würden? Wie sollten wir eines nicht so fernen Tages unserem Sohn in die Augen sehen, wenn er uns exakt die Frage stellt, die die Generation meiner Großeltern so gefürchtet hat: ob wir es denn nicht gewusst hätten – und warum wir nichts dagegen taten? Was würden wir ihm antworten? Dass wir uns in Deutschland eben sicher gefühlt haben und uns der Rest der Welt egal war? Dass es halt so ungemütlich war im Berliner Winter? Dass wir nun mal Lust auf Sonne hatten? Und die Flüge einfach so unfassbar billig waren?

Dass es in Schweden neuerdings ein Phänomen namens *flygskam* (»Flugscham«) gab, bestärkte uns darin, unser Reiseverhalten zu überdenken: Immer mehr Menschen versuchten, aufs Fliegen möglichst zu verzichten. Und dieser Trend zeigte durchaus Wirkung, denn die Fluggastzahlen in Schweden sanken tatsächlich: Von Januar bis September 2018 gab es 3 Prozent weniger innerschwedische Flugreisen und auch einen leichten Rückgang bei den Charterflügen. Setze sich dieser Trend fort, dann werde das Konsequenzen haben, sagt Jean-Marie Skoglund, Flugmarktanalytiker bei der staatlichen schwedischen Transportbehörde in der *taz*: »Die Fluggesellschaften werden den Verkehr mindern. Manche Strecken werden eingestellt werden.« War das nicht der Beweis? Man konnte doch etwas ändern!

Da rief mein Bruder an. Er lebt in München, wo ich geboren bin, deshalb sehen wir uns nicht so oft, wie wir gerne möchten, aber umso lieber telefonieren wir. Er erkundigte sich nach dem Befinden seines kleinen Neffen; ich klagte ein bisschen und schwärmte auch viel, er erzählte von der Reise in die Provence, von der er gerade zurückgekommen war, wie herrlich es dort gewesen sei, und während wir so plauderten, fragte ich mich, ob es bei all den Überlegungen zum Reisen nicht schlichtweg um das richtige Maß gehen musste.

Wie die allermeisten Menschen in meinem Bekanntenkreis lebe ich nicht mehr an dem Ort, an dem ich geboren bin. Fast unmittelbar nach dem Studium habe ich München verlassen, um nach Frankfurt zu ziehen, wo mein Mann damals lebte. Dort blieben wir ein paar Jahre, knüpften Freundschaften und Kontakte und zogen, als sein damaliger Arbeitgeber beschloss, die Firma in die Hauptstadt umzusiedeln, weiter nach Berlin. Heute fühlen wir uns hier zu Hause, doch meine Eltern und mein Bruder wohnen immer noch in Süddeutschland. Ich habe dort immer noch Freunde und Lieblingscafés und mir ans Herz gewachsene Kollegen. Auch in Frankfurt haben wir noch unsere Leute, genauso wie es Menschen in Hamburg und London und New York und Paris gibt, mit denen wir herzlich verbunden sind. Wenn wir und möglichst viele andere gar nicht mehr verreisen – würde das nicht auch bedeuten, Menschen nicht mehr sehen zu können, die einem wichtig sind?

Und dann dachte ich an meinen Sohn und an die Erfahrungen, um die ich ihn bringen würde, wenn ich ihm das Reisen ganz und gar verleiden würde – Erfahrungen, die er zu Hause nicht machen könnte: einmal irgendwo fundamental fremd zu sein, zum Beispiel. Die Verzweiflung zu spüren, wenn man ein wichtiges Anliegen hat und nicht in der Lage ist, sich verständlich zu machen. Nur wer einmal als einzige Weiße in einem Bus voller schwarzer Menschen gesessen hat, kann vielleicht ansatzweise nachvollziehen, wie sich ein Ghanaer in einer deutschen Fußgängerzone fühlt. Nur wer sich schon mal in einer fremden Stadt verlaufen hat, kennt die Schönheit des Moments, wenn einem jemand freundlich in die Augen blickt, lächelt und sich seiner annimmt. Und nur wer schon mal eine lange Reise hinter sich hatte, weiß, wie leicht einem ums Herz werden kann, wenn man irgendwo am anderen Ende der Welt ankommt und dort tatsächlich *willkommen* ist.

Ich dachte an die Menschen, für die Reisen das Größte ist, die frei von Angst und Vorbehalt um den Globus ziehen, sich in der Fremde ganz öffnen und Geschichten erleben, die man einem Romanautor nicht abnehmen würde. Ich glaubte diesen Leuten, wenn sie sagten, dass nichts den Horizont so sehr weite wie ihre Art zu reisen. Ich glaubte sogar den Reiseredaktionen, die einem immer wieder weismachen, dass es Orte gibt, die man einfach gesehen haben muss: sei es Paris oder die Atlantikküste Südportugals.

Aber sind es wirklich *tausend Orte*, die man nicht verpassen darf, wie es ein Megaseller nahelegt? War es nicht völlig idiotisch, im Freundeskreis oder im Internet nach »Reiseideen« zu suchen (so wie wir es manchmal taten)? Und wäre es nicht jeder und jedem möglich, sich ein wenig zu beschränken und dem Fernweh nicht gar so impulsiv und häufig nachzugeben?

Beim Essen taten wir es ja schon längst: weil wir wussten, dass es weder ökologisch noch moralisch vertretbar ist, uns mit billigem Discounterhack vollzustopfen, aßen wir weniger Fleisch und dafür besseres. Wir achteten darauf, möglichst Bio zu kaufen, griffen zur Milch aus der Region und ließen die Finger von den Erdbeeren, die es im Dezember im Supermarkt gab. Und auch sonst schränkten wir uns ein, wenn es vernünftiger war: Wir kauften immer mehr Dinge gebraucht, verzichteten auf ein Auto und hatten gerade einen Kinder-Fahrradanhänger angeschafft.

Vielleicht, dachten wir, vielleicht könnten wir uns beim Reisen ja auf Orte beschränken, die mit der Bahn (oder ausnahmsweise mit dem Mietwagen) erreichbar sind, und das Flugzeug tatsächlich nur noch dann besteigen, wenn es absolut unumgänglich ist. Waren wir ehrlich so suizidgefährdet, dass wir den deutschen Winter nicht überleben würden, ohne nicht mindestens einmal in die Sonne zu fliehen? Mussten wir wirklich alle paar Jahre Venedig sehen? Würde es nicht ausreichen, die Augen zu schließen, um sich wieder daran zu erinnern, wie wunderschön das Treiben auf dem Canal Grande im zarten Morgenlicht aussieht? Mussten es zum faulen Ausspannen und Auftanken unbedingt zwei Wochen im Süden sein? Vielleicht, dachten wir, genügt es ja, wenn wir uns ein sonniges Plätzchen in unserer Wohnung suchen und nichts weiter tun, als hin und wieder das Buch oder die Zeitschrift, in der wir gerade lesen, zur Seite zu legen und ein bisschen in den hellen Tag zu blinzeln.

Ein Akt der Rebellion

»Man ist niemals zu klein,
um einen Unterschied zu machen.«
Greta Thunberg

Zugegeben: Daheimbleiben – das hört sich erst einmal trostlos an. Nach Hausarrest und Regentagen, nach Staubsaugerbeuteln und Langeweile, nach dem fahlen Licht von LED-Glühlampen und dem Wäscheständer, der mit Vorwürfen behängt in der Ecke steht. Es hört sich an wie: immer so weiter. Wie: bloß keine Pause. Wie: nur die Mühle nicht verlassen.

Mein Mann tat sich dann auch erst einmal schwer mit unserem Entschluss. Er hat einen ziemlich fordernden Job und große Sehnsucht danach, woanders zu sein. Er war tief davon überzeugt, dass er wegfahren muss, um Abstand zum Alltag zu finden, dass ein Ortswechsel ihn mehr als alles andere in die Lage versetzt, seinen Geist wieder zu weiten und Kraft zu tanken.

Mir hingegen machte unsere Entscheidung weniger aus: Ich gehörte noch nie zu den Leuten, die es zu Hause nicht aushalten, wenn nicht schon die nächste Reise gebucht und in Vorbereitung ist. Ich mag die gewohnten Rhythmen des Alltags und finde nichts dabei, die immer gleichen Dinge zu den immer gleichen Zeiten zu tun und dabei die immer gleichen Leute zu sehen. Ich habe nur selten das Gefühl, dass feste Strukturen mich einengen, im Gegenteil: Ich empfinde sie sogar als Befreiung. Als Rahmen, innerhalb dessen ich völlig frei denken kann, ohne viel Energie daran zu verschwenden, welchen Bus ich nehmen muss und wo ich ein genießbares Mittagessen kriege. Erholungsbedürftig bin natürlich auch ich manchmal – aber meistens genügt mir dann ein langes, heißes Bad oder ein Nickerchen nach dem Frühstück.

Seine Urlaube zu Hause zu verbringen, das kommt mir eigentlich nicht sonderlich unnatürlich vor. Und tatsächlich ist das Reisen zu Erholungszwecken ja auch eine ziemlich neue Erfindung. In Deutschland wurzelt es in der Zeit der Weimarer Republik, als die ersten Tarifverträge ausgehandelt wurden und Arbeiter zum ersten Mal eine Woche frei bekamen. Wirklich durchgesetzt wurde die Idee allerdings erst von den Nationalsozialisten, die den Jahresurlaub auf zwei bis drei Wochen ausdehnten und sich von Mussolini zu einem »Nationalen Freizeitwerk«, der NS-Organisation »Kraft durch Freude«, inspirieren ließen. »Das Ziel der Organisation ist die Schaffung einer nationalsozialistischen Volksgemeinschaft und die Vervollkommnung und Veredelung des deutschen Menschen«, hieß es damals, und deshalb ging es auch nicht um verweichlichendes Vergnügen, sondern um gesunde *Freude*, die dem Arbeiter *Kraft* geben möge – dafür, die volkswirtschaftliche Produktion anzukurbeln und einen Krieg zu führen. Hitler selbst sprach davon, dass ausreichender Urlaub und ausreichende Erholung die Deutschen zu einem Volk machen sollten, das auch dann die Nerven behält, wenn man sich mit ihm aufschwingt, um »wahrhaft große Politik« zu machen.

Heute mischt sich kein Staat mehr darin ein, wie wir unseren Urlaub verbringen. Wir schöpfen nicht mehr »Kraft durch Freude«, sondern sind »Fit for fun«. Trotzdem kann man das Gefühl bekommen, dass der Gedanke der individuellen und kollektiven Optimierung dem Urlaub noch immer nicht ganz ausgetrieben ist. Wir hoffen, uns in den Ferien gut zu erholen, die Batterien wieder aufzuladen, zu regenerieren – um hinterher als verbesserte Version unserer selbst wieder voll zu funktionieren.

Sprachgeschichtlich geht der Urlaub auf das alt- und mittelhochdeutsche Wort *urloup* zurück, also die »Erlaubnis«: Wenn ein Ritter im Hochmittelalter seinen Lehnsherrn um *urloup* bat, meinte er damit die Erlaubnis, sich entfernen zu dürfen. Ich finde: Schon allein der Gedanke, sich abzumelden und anschließend *nicht* zu entfernen, sondern einfach zu bleiben, wo man ist, birgt ein gewisses Hochgefühl. Nämlich jenes, das sich immer dann einstellt, wenn man beschließt, irgendwo nicht mitzumachen. Nicht zur Verfügung zu stehen, nicht zu funktionieren.

1200 Euro geben die Deutschen laut Tourismusanalyse 2018 im Schnitt jährlich für ihren Urlaub aus. Das sind 1200 Euro, die im Rachen von TUI, Thomas Cook und DER Touristik, auf den Konten der Hiltons, Marriots, Trumps, von russischen Oligarchen oder den Investoren von Airbnb verschwinden. Daheimbleiben, das bedeutet also auch: einmal nichts zum Wirtschaftswachstum beitragen. Die Konsumgesellschaft boykottieren. Sich seine Unterhaltung nicht zu kaufen und sich stattdessen selbst zu amüsieren. Sich einmal gegen das Räderwerk des Kapitalismus zu stemmen, der von uns verlangt, unsere Arbeitskraft möglichst kostenintensiv wiederherzustellen. Sich der Tourismusindustrie zu verweigern, die uns einredet, wir könnten uns nur dann erholen, wenn wir möglichst weit weg in möglichst neu angeschaffter Ausrüstung jemand anderen spielen als den, der wir sind.

Irgendwo still sitzen, während die Uhren sich immer weiterdrehen, während die Welt weiter rennt und redet und kauft und klickt und macht und tut wie verrückt – ist diese Vorstellung nicht beglückend?

Daheimbleiben ist kein Stillstand, auch, wenn man sich dabei nicht vom Fleck bewegt. Es bedeutet nicht, dass man den Status quo akzeptiert. Im Gegenteil: Wer bewusst daheimbleibt, rebelliert gegen Erderwärmung, Umweltzerstörung und Wachstumslogik, gegen Overtourism und den Irrglauben, dass der geistige Horizont eines Menschen vor allem von seinem Meilenkonto bestimmt wird. Daheimbleiben kann ziemlich bereichernd sein und ist eine echte Alternative zum Reisen in die Ferne. Zumal man sich Geld spart und Nerven.

14 freie Tage sollte man schon aufwenden für die sanfteste aller Arten, Widerstand zu leisten. Aber natürlich macht auch ein langes Wochenende Spaß, denn anders als bei einem Kurztrip geht nicht die Hälfte der freien Zeit für An- und Abreise drauf – man ist ja bereits da, und das schon lange! Und damit der Urlaub am Ende nicht in Stress ausartet, sollten man sich für jeden Tag nur ein einziges To do vornehmen, höchstens. Schließlich geht es beim Daheimbleiben nicht darum, eine Urlaubsreise zu imitieren. Jeden Tag an den Badesee flüchten, das kann Spaß machen, keine Frage. Doch damit verfällt man schon wieder der alten Logik. Letztlich gelingt Daheimbleiben dann am besten, wenn man sich klarmacht, dass es ebenfalls eine Reise ist. Eine Reise, bei der man nicht den Körper, sondern den Geist bewegt. Bei der man innehält und seine Perspektive verändert und das Fremde und Überraschende im oft allzu Vertrauten entdeckt. Bei der man guckt, was dieses Daheim eigentlich ist – und ob man dieses Leben, dem man immerfort entfliehen will, nicht auch anders leben könnte. So, dass man sich irgendwann vielleicht gar nicht mehr wegsehen muss, sondern es ganz gut finden kann, so, wie es ist.

Denn das eigene Zuhause hält alles bereit, was man zum Glücklichsein braucht: ein sauberes Bett mit genau dem richtigen Kopfkissen – ganz ohne Kissenmenü. Immer die richtige Kleidung im Schrank, egal wie verregnet oder warm es ist. Klares Wasser aus dem Hahn. Fenster, die man öffnen kann und die sich wunderbar schließen lassen und durch die man ein Stück vom Himmel sieht. Wer dann noch im Sommer daheimbleibt, wenn die Stadt wie entvölkert ist, weil alle anderen weggefahren sind, kann überdies ein Zuhause erleben, das ihm sonst entgeht. Er kann erfahren, wie Cafés, Straßen und Parks beinahe leer gefegt sind und die Welt um ihn herum befreit aufatmet – wie wenn man nach einem langen, anstrengenden Tag endlich aus den schweren Schuhen schlüpft.

Daheimbleiben in 14 Tagen

Tag 1: Zu Mittag essen

>*»Dinner ist eine Verpflichtung, ja, sogar Vergeltung.*
>*Lunch ist freier Wille.«*
>Keith Waterhouse

Ich gebe es zu: Der erste Ferientag zu Hause kann schwierig sein. Nur weil man frei hat, stellt sich ja nicht automatisch gleich die Erholung ein. Wie auch? Die Arbeitstasche liegt noch im Flur, in der Küche finden sich Reste des letzten TV-Dinners, und noch hat man keine rechte Ahnung, was man mit sich und seiner freien Zeit anstellen könnte.

Doch es gibt Hilfe. Eine Abkürzung, einen Raum-Zeit-Tunnel, der einen direkt in die Entspannung katapultiert. Suchen Sie sich einfach eine nette Begleitung und reservieren Sie einen Tisch zum Mittagessen im schönsten Restaurant, das es in Ihrer Nähe gibt.

Manchmal, sehr selten, tue ich das sogar, wenn ich gar keinen Urlaub habe: Ich erhebe mich von meinem Arbeitsplatz im Lesesaal der Staatsbibliothek am Potsdamer Platz, schreite die große Treppe hinab, öffne dann aber nicht die Glastür zur Cafeteria, wo ich an gewöhnlichen Tagen eines der lieblos zusammengerührten Tagesgerichte hinunterwürge. Stattdessen gehe ich weiter nach unten: vorbei an den Leuten im Foyer, die auf Bänke gekauert mitgebrachten Nudelsalat essen, vorbei an den Rauchern, die im Stehen Kaffee aus Thermobechern trinken, vorbei an Studenten, die in der Sonne sitzen und ihre Stullen mümmeln. Manchmal, wenn ich zu früh aufgebrochen bin, mache ich noch einen Umweg: Ich passiere die McDonald's-Filiale am Marlene-Dietrich-Platz, in der sich die Angestellten aus den umliegenden Bürotürmen Kalorien für die zweite Hälfte des Arbeitstags in den Rachen schieben. Werfe noch einen Blick durchs Schaufenster des Feinkostgeschäfts, in dem sich Kostümträgerinnen und Touristen vor blassen Burritos und überquellenden Panini drängen, und biege dann nach links, wo ich die völlig unauffällig wirkende Lobby des »Mandala Hotels« betrete. Das ist mein Kaninchenbau, der mich direkt ins Glück transportiert: Ich steige in den Lift, drücke den Knopf mit der 5 und lasse mich, oben angekommen, von einem gut gelaunten Kellner an einen Tisch in Berlins bestem und schönstem Restaurant bringen.

Eigentlich ist es natürlich irre: Denn das »Facil« hat zwei Michelin-Sterne und übersteigt meine Verhältnisse bei

Weitem. Doch immer, wenn ich dort bin, bereue ich nichts – nichts außer der Tatsache, nicht viel öfter zu tun, was ich gerade tue: nämlich feierlich lunchen zu gehen.

Es muss mal eine Zeit gegeben haben, da das Mittagessen eine Mahlzeit war, auf die man sich schon morgens freute. Zumindest gibt es Leute aus den Generationen vor mir, die in schillernden Farben davon erzählen, wie sie früher an einem ganz normalen Wochentag mit einem Geschäftsfreund essen gingen. Es sind Geschichten, die von Aperitifs und Digestifs handeln und von den herrlichen Genüssen dazwischen und davon, wie man danach gut gelaunt an den Schreibtisch zurückkehrte, um das Wirtschaftswunder weiter voranzutreiben – vermutlich eher gemächlich, aber das Schöne ist, dass gemächlich vollkommen genügte. Es war die Zeit, in der man statt eines Smartphones noch eine Sekretärin hatte, als die Mittagspause noch kein Boxenstopp war, als man sich noch nicht Eiweißmahlzeiten oder Weight-Watchers-Punkte einverleibte, sondern echtes Essen.

Wenn ich heute über den Potsdamer Platz laufe, wo mittags die Anzugträger aus den umliegenden Bürotürmen ins abgasverpestete Freie strömen, sehe ich niemanden genießen. Stattdessen: Menschen an Imbissstresen, die Krawatte über die Schulter geworfen, die Gabel in der rechten, das Smartphone in der linken Hand. Menschen, die mit jeder Minute, die sie auf ihr Essen warten müssen, nervöser werden. Menschen, die in Gedanken schon wieder am Schreibtisch sind, während sie sich mit größtmöglicher Effizienz druckbetanken. 56 Prozent aller Erwerbstätigen essen laut Ernährungsreport des Bundesministeriums für Ernährung und Landwirtschaft mittags das, was sie zu Hause in die Lunchbox gestopft haben, 19 Prozent gehen in die Kantine, 13 Prozent holen sich schnell etwas vom Bäcker oder Imbiss, und nur 4 Prozent besuchen ein Restaurant mit Mittagstisch. Das hat natürlich auch finanzielle Gründe: Kein Mensch kann es sich leisten, ständig im Restaurant zu tafeln. Und doch kann das Geld nicht die einzige Ursache sein, wenn Studien belegen, dass das Mittagessen für die meisten Berufstätigen etwas ist, das man möglichst schnell hinter sich bringt, und die warme Hauptmahlzeit in immer mehr Haushalten abends eingenommen wird. Die Schweden, ihrer Zeit wie immer voraus, nennen ihr Abendessen längst *middag*.

Nun könnte man argumentieren, dass es egal ist, ob man abends oder mittags ausgiebig isst. Man könnte sogar dem Irrtum erliegen, dass es eine besondere Weltgewandtheit beweise, seinen Teller Nudeln auf den Abend zu verschieben. Ist es nicht viel gesünder, sich mittags nicht so vollzustopfen? Ist man nachmittags nicht viel fitter, wenn man zum Lunch nur ein Salätchen zwickt? Essen nicht auch die Italiener und Franzosen, die ja wohl am besten wissen, wie man ein gutes Leben führt, mittags nur eine Kleinigkeit und erst abends so »richtig« mit allem Pipapo?

Nichts gegen eine Verabredung zum geselligen Abendessen – aber es ist einfach nicht dasselbe wie eine Verabredung zum Lunch. Abends kommen wir runter, gliedern uns wieder in Familie und Freundeskreis ein, beenden den Tag. Wohin das Abendessen führt, ist völlig klar – in die Horizontale (was bei einem mit eindeutigen Absichten verbundenen Date von Vorteil sein mag).

Mittags jedoch ist nichts eindeutig. Es ist völlig offen, worauf es hinausläuft, weshalb man sich ohne den Anflug eines schlechten Gewissens mit einem anderen Mann verabreden kann. Eine Verabredung zum Lunch ist völlig unverbindlich – und eben diese Unverbindlichkeit kann ganz neue Räume schaffen. Wenn zwei zusammen zu Mittag essen, werden sie zu Komplizen, zu Kollaborateuren, zu Verschwörern. Sie gehen sogar, das behauptet zumindest Keith Waterhouse in seinem Standardwerk *The Theory and Practice of Lunch*, eine Affäre ein, eine Affäre für die Dauer eines Restaurantbesuchs, ungeachtet dessen, wie sie tatsächlich zueinander stehen. Und hat er nicht recht? Während wir abends den legitimen Lohn unserer harten Arbeit ernten, naschen wir mittags verbotene Früchte. Der Lunch ist ein gestohlener Moment, ein geteiltes Vergnügen, eine Verschwörung zur Unvernunft: sich einfach so, inmitten eines ganz normalen Wochentags, aus dem Alltag fortzuschleichen und ein Fest zu feiern. Auch deshalb ist ein echter Lunch kein verkapptes Teammeeting, und die beste Teilnehmerzahl ist immer noch zwei – ausschweifende Familienfeiern einmal ausgenommen.

Apropos Familienfeier: Die finden ja (zum Glück) nicht jeden Tag statt, weshalb es uns bei Onkel Horsts Siebzigstem niemals einfallen würde, bei Apfelschorle zu bleiben oder nur einen Salat zu nehmen. Die Verabredung zum Lunch ist genau so eine Ausnahme, weshalb man sich dabei auch so verhalten darf (und sollte). Das heißt: Wenn einer der Beteiligten um 14 Uhr wieder im Büro sein muss, dann hat man keine Verabredung zum Lunch, sondern macht gemeinsam Mittagspause (auch deshalb eignet sich dafür kaum etwas so gut wie ein erster Urlaubstag, dem nichts weiter folgt als herrliche, endlose Ferien). Wer darauf besteht, »nur eine Vorspeise« zu nehmen, weil er »mittags eigentlich nie richtig isst«, hat den Sinn der Veranstaltung nicht verstanden, genauso wie der, der den Kellner wegwedelt, der die Dessertkarte bringt: Obwohl ich im Alltag gern auf einen Nachtisch verzichte, finde ich, dass es nichts Herrlicheres gibt als die Komplizenschaft, die in dem Moment entsteht, in dem sich eine große Crème Brûlée mit zwei Löffeln nähert. Und das gilt auch beim Thema Alkohol. Natürlich würde kein vernünftiger Mensch schon mittags eine halbe Flasche Wein in sich hineingluckern lassen, doch erstens ist Vernunft, wie schon erwähnt, kein Maßstab, den man für eine Verabredung zum Lunch anlegen würde, und zweitens gibt es nichts, was mit der glücksduseligen Leichtigkeit vergleichbar ist, die einen ergreift, wenn man mit einem angenehmen Menschen an einem Ecktisch sitzt und bei einem Glas Champagner zusammen die Köpfe in die Weinkarte steckt – auch, wenn man sich normalerweise höchstens eine große Cola leistet. Mittags Wein zu trinken, das ist etwas, was man nur in den Ferien tun würde – und also umso mehr tun sollte, wenn man tatsächlich gerade in den Ferien *ist*.

Was aber ist der ideale Ort für ein Mittagessen? Es muss nicht unbedingt ein Sterne-Restaurant sein. Eigentlich sind Sterne-Restaurants oft sogar weniger geeignet, weil das Essen zu viel Aufmerksamkeit auf sich zieht und man die Hälfte seines Aufenthalts damit verplempert, dem Kellner bei der Erklärung der Gerichte zuzuhören (»Hier unter den eingesalzenen, von unserem Azubi Johnny gesammelten Bärlauchblüten finden Sie ein Stück Lachsbauch von einem befreundeten Fischer von der Müritz, er wurde erst acht Stunden bei 14 Grad in zwölf Jahre altem Sake mariniert, dann für dreißig Minuten bei 56 Grad *sous vide* gegart und anschließend abgeflämmt; gleich daneben haben wir eine Espuma von fermentierten Karotten unseres biodynamischen Gärtners Ole in der Uckermark, der sein Wurzelgemüse bei Vollmond mit Punkrock bespielt ...« Schnarch!). Denn eigentlich geht es bei einem Lunch-Date gar nicht so sehr darum, was genau da vor einem liegt. Es muss kein Kaviar zur Vorspeise sein, ein frischer, gut angemachter Kopfsalat genügt.

Noch viel wichtiger als die Speisekarte ist die Atmosphäre des Restaurants. Es muss ein Ort sein, an dem man sich auch dann noch gerne aufhält, wenn die Crème Brûlée weggelöffelt ist. Ganz neu eröffnete Lokale haben oft nicht die passende Aura, Traditionslokale mit Patina und einem seit Jahrzehnten eingespielten Service deutlich eher. Ein geeignetes Restaurant ist nicht zu laut und nicht zu still, ist weder zu hektisch noch zu intim (es ist normalerweise nicht dasselbe Restaurant, in dem man sich zum Candle-Light-Dinner treffen würde). Anders als wenn man allein ins Café geht und ein bisschen Echtzeit-Seifenoper ganz unterhaltsam sein kann, möchte man sein Mittagessen nicht unbedingt damit verbringen, dem Paar am Nachbartisch dabei zuzuhören, wie es die Details seiner anstehenden Scheidung diskutiert. Obwohl ich finde, dass Arbeitsthemen beim Essen nichts verloren haben und allenfalls am Rande touchiert werden sollten (weshalb weder die schnelle Nudel mit den Kollegen noch der ausgiebige Businesslunch mit dem wichtigen Geschäftspartner aus dem Ausland etwas mit der Art des Mittagessens zu tun hat, von der hier die Rede ist), sind Lokale, in denen auch Geschäftstermine stattfinden, oft recht gut geeignet. Ich zumindest bin gern in Restaurants, in denen die Männer Anzüge tragen und die Frauen nicht primär damit beschäftigt sind, appetitlich auszusehen. Perfekt sind Lokale, in denen ein Kommen und Gehen herrscht, in denen man etwas zum Gucken und Lästern hat und in denen man auch ohne Fernglas erkennen kann, was auf den Tellern der anderen Gäste liegt (es gibt ja kaum etwas Interessanteres, als anderen dabei zuzusehen, wie sie Austern schlürfen, Schnecken pulen, Berge von Garnelen in Aioli tunken oder streichholzdünne Pommes frites in hausgemachte Mayonnaise). Es darf kein Restaurant sein, in dem sich einem schon beim Eintreten ein Stock in den Hintern schiebt und man Angst haben muss, dass man wie ein Idiot dasteht, wenn man den *Salade au Laitue à la Crème au Roquefort avec noix et croûtons* falsch ausspricht – im »Facil« beispielsweise ist die Atmosphäre so licht und entspannt, dass sich dort auch Menschen wohlfühlen, deren kulinarischer Horizont normalerweise beim Regal mit den Tütensuppen endet. Ein Restaurant, in dem man sich nicht willkommen fühlt, ist definitiv nicht der richtige Ort für ein Mittagessen. Ideal ist es, wenn Kellner und Gäste zu *partners in crime* werden. Wenn der Service so geschmeidig arbeitet, dass man ihn kaum bemerkt, und so aufmerksam und freundlich ist, dass man ganz von allein zu dem Gast wird, den man als Kellner selbst gern hätte – zu einem, der gut gelaunt das Essen lobt und ein großzügig bemessenes Trinkgeld gibt.

Und damit kommen wir zu dem Teil, der gemeinhin als eher unangenehm empfunden wird: der Rechnung nämlich. Wenn es bis hierher so klang, als könnte ich es mir einfach so leisten, ständig meine Mittagspause in teuren Restaurants zu verbringen, so sei klargestellt: Ich kann es natürlich nicht. Und doch finde ich, dass sich kaum eine Ausgabe mehr lohnt als ein schickes Mittagessen, denn sie ist *nichts* gemessen an dem Glücksgefühl, das eine Mahlzeit in diesem herrlichen Ambiente auslöst. Im Prinzip *spare* ich dabei sogar: einen Tag im Spa, ach was, ein siebentägiges Entspannungsretreat in irgendeinem fernen Wellnesstempel. Meine Lebensgeister werden geweckt, und eine kichernde Leichtigkeit erfasst meinen Körper, ich bin voll und ganz im Moment, ein bisschen wie ein beschwipster Dalai-Lama. Klar, wirklich etwas hin kriege ich danach nicht mehr – doch es gibt fast nichts Schöneres, als am frühen oder späteren Nachmittag schick angeschickert nach Hause zu laufen, während der Rest der Stadt im Koffeinrausch vor sich hin hetzt, statt zarter Petit Fours ein entstehendes Magengeschwür im Bauch. *Catching the beer scooter home* sagen die Engländer und meinen damit das Gefühl, das sich einstellt, wenn sich die Beine wie von selbst bewegen und man einfach so nach Hause schwebt.

Und eben weil ich mich nach einem Lunch so herrlich fühle, liebe ich es, meine Begleitung am Ende des Essens einzuladen. Abends ist man es ja gewohnt, dass man die Rechnung teilt oder eben einer sie übernimmt. Mittags jedoch rechnet niemand damit – es hat einen ja auch noch nie ein Kollege damit überrascht, dass er für das Kantinentablett des anderen mitbezahlt, oder damit, dass er beim immer gleichen Italiener um die Ecke Restaurantschecks für alle auf den Tisch legt. Doch gerade weil es niemand erwartet, empfinde ich es als besonderes Vergnügen, kurzerhand die Rechnung zu übernehmen: Lunch macht Spaß, weil er unvernünftig ist, und er ist sogar noch lustiger, wenn man doppelt unvernünftig ist.

Tag 2: Offline gehen

»*Sie haben es noch nicht benutzt. Wir begrenzen daheim die Zeit,
die unsere Kinder mit Technologie verbringen.*«
Steve Jobs auf die Frage, wie seine Teenager-Kinder das iPad finden

Nun muss ich doch einmal kurz Spielverderberin sein und ein Verbot aussprechen. Aber: Ich gelobe hiermit, dass es das einzige in diesem Buch sein wird. Sie dürfen in den zwei Wochen Urlaub daheim essen und trinken, was und so viel sie wollen. Sie dürfen faulenzen und ausschlafen, dösen und die Füße hochlegen, shoppen gehen, dummes Zeug reden, die Augen vor dem Schlechten in der Welt verschließen. Rauchen Sie! Verzichten Sie auf Sport! Bestellen Sie Mayonnaise zu Ihren Pommes! Doch der Urlaub zu Hause wird erst dann richtig losgehen können, wenn

Sie diese eine Kleinigkeit erledigen: Schalten Sie bitte, bitte den Computer aus und lassen Sie möglichst auch die Finger vom Smartphone. Loggen Sie sich nicht bei Facebook ein. Nicht bei Instagram. Nicht bei Twitter. Legen Sie stattdessen Ihr Mobiltelefon in eine Schublade, die sie nur dann öffnen, wenn es sich absolut nicht vermeiden lässt (was wahrscheinlich immer noch öfter sein wird, als es für Ihren Urlaub förderlich ist). Kramen Sie stattdessen Ihre alte Armbanduhr wieder raus, und schließen Sie, falls Sie die Angst umtreibt, dass die Welt unbemerkt von Ihnen untergehen könnte, für die Dauer Ihres Urlaubs ein kostenloses Probeabo für eine Tageszeitung ab (in der Printausgabe natürlich).

Nicht, dass wir uns missverstehen: Ich finde das Internet super. Ich habe im Netz schon so viel gelernt, so viele interessante Meinungen gehört, in so viele fremde Welten geblickt – aber noch viel mehr Zeit habe ich blöd darin verdaddelt, ohne auch nur im Geringsten davon zu profitieren. Diese ständige Ablenkung! Nicht, dass bei mir im Sekundentakt E-Mails eintreffen würden; doch allein die Möglichkeit, jederzeit ins Internet gehen zu können, stellt eine dauernde Verlockung dar, der ich nur selten widerstehen kann, sodass ich immerfort irgendetwas recherchiere, aktualisiere und mich, statt in Gedanken, die sich als wichtig entpuppen könnten, in unwichtigen Details und Kleinigkeiten verliere. Wie viel produktiver ich arbeite, wenn ich nicht erreichbar bin! Wie viel besser ich denken kann, wenn ich nichts und niemanden erreichen kann!

Und auch im Urlaub ist es klüger, sich nicht nur vom Job freizunehmen, sondern auch die elektronische Fußfessel abzulegen, die wir freiwillig mit uns führen. Denn wenn es stimmt, dass es in den Ferien vor allem darum geht, irgendwo anzukommen, idealerweise im Hier und Jetzt und bei uns selbst, so wird uns das nicht gelingen, wenn wir aus diesem Hier und Jetzt ständig herausgerissen werden, weil ein kleiner Apparat leuchtet und piepst und vibriert.

Es soll ja Leute geben, die ihren Umgang mit dem Smartphone unter Kontrolle haben. Die es wirklich nur nutzen, damit man sie im Notfall erreichen kann, und sonst allenfalls mal nachsehen, ob der öffentliche Nahverkehr streikt oder in den nächsten Stunden Regen zu erwarten ist. Aber den meisten Leuten geht es offenbar anders. Je nach Studie nehmen wir es bis zu 214 Mal am Tag in die Hand – da fällt es schwer, auf Kommando plötzlich die Finger davon zu lassen. Wir haben uns so daran gewöhnt, uns ständig daran zu klammern, dass wir uns ohne richtig nackt fühlen – fast so, als wären wir ohne Brieftasche unterwegs oder ohne Wohnungsschlüssel.

Wem ist das noch nicht passiert, dass er sich eigentlich eine halbe Stunde auf dem Sofa ausruhen wollte, dann jedoch aus irgendeinem Impuls heraus zum Handy griff und schließlich dabei hängen blieb? Wer hat noch nie nur rasch eine Mitteilung bei WhatsApp beantwortet, danach aber doch noch schnell bei Facebook reingeguckt, um – und dann ist aber wirklich Schluss – noch einen kurzen Blick in die Nachrichten zu werfen? Es könnte ja immerhin etwas passiert sein, und tatsächlich: Es gibt eine neue Hollywood-Scheidung, einen wichtigen Bundesliga-Transfer und wieder irgendeinen Politiker, der einem anderen Politiker

Populismus vorwirft. Und ehe wir's uns versehen, sind wir schon wieder eine halbe Stunde irgendwo anders gewesen, anstatt das zu tun, was wir tatsächlich tun wollten: Kraft schöpfen und einen Moment der Entspannung finden. Dann ärgern wir uns: weil wir insgeheim spüren, dass wir schon lange nicht mehr Herrinnen unserer eigenen Aufmerksamkeit sind, weil wir nicht einmal in unserer Freizeit selbstbestimmt sind, weil wir eigentlich Kindern gleichen, die es nicht lassen können, die Streusel von einem Kuchen zu picken, der erst für später ist. Am Ende fühlen wir uns, obwohl wir eine halbe Stunde auf dem Sofa gelegen haben, noch unwohler als zuvor und gucken, nur um uns von unserem Ärger abzulenken, gleich wieder aufs Smartphone. Wir sind fast ein bisschen so wie der Säufer bei Antoine de Saint-Exupéry, der trinkt, weil er so traurig ist, und traurig ist, weil er so viel trinkt.

Und dieser Drogenvergleich ist gar nicht so weit hergeholt. Manche Forscher vergleichen die Wirkung eines Smartphones auf ein Kindergehirn mit der von Kokain. Andere sprechen in dem Kontext vom »Steinzeitreflex«: Weil unser Hirn darauf ausgelegt ist, schon auf kleinste Reize sofort zu reagieren (ein Rascheln im Gras könnte ja vom drohenden Angriff einen Säbelzahntigers künden), wird auch heute noch jede neue Nachricht, jeder aufblinkende Chatbeitrag (von Likes und Kommentaren gar nicht erst zu reden) mit der Ausschüttung von Botenstoffen wie Dopamin erwidert, die ein Kribbeln erzeugen, einen kleinen Kick. Der Computerwissenschaftler Tristan Harris vergleicht sein Smartphone sogar mit einem Glücksspielautomaten: »Immer wenn ich auf mein Handy schaue, spiele ich, um zu sehen, was für mich drin ist – was kriege ich?« In seinem viel beachteten Essay *How Technology is Hijacking Your Mind* erklärt er, dass die Apps auf unseren Smartphones längst mit voller Absicht so gestaltet sind, dass sie süchtig machen: Denn die Programmierer sorgen dafür, dass jede unserer Aktionen (das Aktualisieren einer Nachrichtenseite, das Anklicken des Benachrichtigungsbuttons bei Facebook) mal mit interessanten, mal mit langweiligen Inhalten belohnt und manchmal auch einfach ins Leere laufen gelassen wird. »Die Suchtgefahr«, schreibt Harris, »ist dann am größten, wenn die Belohnungsrate am deutlichsten variiert.« Denn wenn wir nicht vorhersehen können, ob sich uns als Nächstes ein banaler Werbebeitrag oder eine dramatische Neuigkeit präsentiert, sind wir bereit, wieder und wieder zum Handy zu greifen, um nachzusehen, welche Belohnung wir diesmal bekommen.

Harris weiß, wovon er spricht: In seiner ersten Karriere als Mitarbeiter bei Google hat er versucht, ethische Standards dafür zu entwickeln, wie man mit der Aufmerksamkeit der Nutzer umgeht – allerdings ohne dafür Gehör zu finden. Nach seinem Ausstieg bei dem Giganten hat er das Center for Humane Technology gegründet, um die Aufmerksamkeitsökonomie des World Wide Web zu reformieren. Er ist nun einer der größten Kritiker der Internetindustrie: »Wir alle sind mit dem System verstöpselt. Unsere Gehirne können gekapert werden. Unsere Entscheidungen sind nicht so frei, wie wir annehmen.«

Tristan Harris ist nicht der einzige Tech-Aussteiger, der gegen die Geister kämpft, die er dereinst rief. Justin Rosenstein, der für Facebook den Like-Button erfand, hat sich von seinem Assistenten eine Kindersicherung auf dem Smartphone einrichten lassen, die ihn davon abhält, neue Apps zu installieren. Rosenthals ehemalige Kollegin Leah Pearlman benutzt heute eine Browsererweiterung, die ihren Facebook-Newsfeed blockiert. Nir Eyal, der viele Jahre als Berater im Silicon Valley arbeitete und den erfolgreichen New-Economy-Ratgeber *Hooked. Wie Sie Produkte schaffen, die süchtig machen* schrieb, hat seinen Router zu Hause an eine Zeitschaltuhr angeschlossen, die seine Internetverbindung vorprogrammiert unterbricht. Und Loren Britcher, der als Erfinder der *Pull-to-Refresh*-Funktion gilt, also jener Zieh-Geste, mit der man bei fast allen Apps die Inhalte aktualisiert, versperrt sich selbst den Zugang zu bestimmten Websites, hat Push-Benachrichtigungen deaktiviert und chattet mit niemandem mehr – außer mit seiner Frau und zwei engen Freunden. »Ich habe inzwischen zwei Kinder und bereue jede Minute, in der ich ihnen keine Aufmerksamkeit schenke, weil mich schon wieder das Smartphone absorbiert«, sagte er 2017 dem *Guardian*. »Smartphones sind nützlich. Aber sie machen süchtig. *Pull-to-Refresh* macht süchtig.« Das klingt deprimierend, aber noch viel deprimierender ist die Tatsache, dass es die Funktion überhaupt nur noch wegen dieses Suchtpotenzials gibt, denn eigentlich könnten Apps sich heute ganz einfach selbst aktualisieren. Sie wird nicht abgeschafft, weil wir uns daran gewöhnt haben, sie wieder und wieder und wieder zu betätigen – wie jene traurigen Gestalten, die in Las Vegas stundenlang die Hebel der einarmigen Banditen ziehen.

Es trifft Sie in Wirklichkeit also gar keine Schuld, wenn Sie sich schwer damit tun, dem Smartphone mal keine Beachtung zu schenken. Wer sich klarmacht, dass er nicht einem einzelnen Gegner gegenübersteht, sondern einer ganzen Industrie, die nichts anderes im Sinn hat, als unsere Aufmerksamkeit zu kapern und dann möglichst lange zu beanspruchen, der versteht, warum es ihm so schwerfällt, einfach mal nichts zu tun oder sich auf ein gutes Buch zu konzentrieren, während sein Smartphone in Griffweite liegt. Es ist, als würde jemand auf Diät versuchen, sich mit einem schönen Apfel zu begnügen, während einem der beste Patissier der Welt einen Teller mit fantastisch duftenden Schokoladenkeksen unter die Nase schiebt.

Längst gibt es Entwöhnungsprogramme für Menschen, die ihre Smartphonesucht erkannt haben. Es gibt Digital-Detox-Camps und Acht-Punkte-Pläne für alle, die das Gefühl haben, die Nutzung des kleinen Geräts in ihrer Hosentasche nicht mehr unter Kontrolle zu bekommen. Die Medien sind voll von Selbsterfahrungsberichten über Tage und Wochen ohne Smartphone, die sich tatsächlich wie Suchtklinik-Reports lesen, nur noch furchterregender. Doch sie alle enden damit, dass die Betroffenen beschreiben, wie wohltuend und befreiend das neue Handyfasten ist.

Es hilft also nichts: Wer abnehmen will, sollte darauf verzichten, stets eine offene Tüte Gummibärchen in der Tasche mit sich zu führen. Und wer abschalten will, sollte mit seinem Smartphone beginnen. Und das geht! Stellen Sie sich einfach vor, Sie hätten sich in diesem Urlaub zu einer Nanga-Parbat-Besteigung aufgemacht oder ein Retreat im

Schweigekloster gebucht – da hätten Sie vermutlich auch kein Netz, und die Welt müsste ebenfalls auf Sie verzichten! Wenn Sie wirklich meinen, das sei nicht möglich, schalten Sie es auf lautlos, blockieren Sie sämtliche Push-Mitteilungen und deinstallieren Sie überflüssige Apps – allein das kann schon Wunder wirken. Oder schalten Sie Ihr Handy mal in den Schwarz-Weiß-Modus, ein grauer Bildschirm ist gleich viel weniger interessant, ganz egal, was darauf passiert.

Mit diesen Strategien fahre ich zumindest ganz gut. Tagsüber bin ich ohnehin nicht online, denn ich verstecke mich zum Schreiben in der Bibliothek, wo ich bewusst keinen Internetzugang eingerichtet habe, was in Sachen Konzentrationsfähigkeit wahre Wunder bewirkt. Bis vor ein paar Monaten hatte ich obendrein nur ein billiges, einfaches Handy ohne Internet, Kamera oder auch nur der alten T9-Texteingabe. Erst als meine Umwelt meine Unerreichbarkeit irgendwann nicht mehr zumutbar fand, habe ich mich notgedrungen für ein billiges, vorsintflutliches Blackberry-Smartphone entschieden. Damit kann ich nun zwar unterwegs E-Mails und WhatsApp-Nachrichten lesen, das jedoch auf einem so winzigen Bildschirm, dass es eine Qual ist, weshalb ich das Gerät wirklich nur im Notfall zur Hand nehme. Ich habe keine Apps darauf installiert, kein Facebook, kein Instagram, keine Nachrichten – wenn ich mich während einer U-Bahnfahrt ein bisschen ablenken will, ist da einfach nichts, was Spaß machen würde. Zudem habe ich immer noch einen alten Handyvertrag ohne Daten-Flatrate und wähle mich niemals in öffentliche W-Lan-Hotspots ein, weshalb ich jede Internetnutzung bezahlen muss, was mich noch einmal diszipliniert (auch wenn ich mich damit an meinen Vater erinnert fühle, der beim Bäcker nie sein Lieblingsbrot kauft, weil er sonst zu viel davon isst).

Tag 3: Nichts tun

»Nichts tun. Zuschauen, wie das Gras wächst. Sich in den Lauf der Zeit gleiten lassen. Leben, als sei immer Sonntag ...«
Roland Barthes

Das Handy ist ausgeschaltet, die Internetverbindung gekappt, und vielleicht macht sich bei Ihnen nun langsam so etwas wie ein Urlaubsgefühl breit. Sie wachen morgens auf, wunderbar ausgeschlafen. Lauschen in den Raum, den Verkehrslärm in der Ferne, Sonnenstrahlen dringen durch die Vorhangritze, und es lockt Sie: nichts. Genießen Sie das Gefühl! Geben Sie ihm nach! Widerstehen Sie dem Drang aufzustehen!

Ich finde ja, es gibt überhaupt nichts Schöneres, als morgens im Bett zu bleiben. Dabei zuzusehen, wie der kurze

Zeiger des Weckers erst die 7 streift (die Zeit, zu der ich normalerweise aufstehen würde), dann die 8 (wo ich sonst das Haus verlasse) und schließlich sogar an der 9 vorüberzieht, das verschafft mir ein fast revolutionäres Hochgefühl. Nicht aufstehen! Nicht ankleiden! Keine Mundhygiene und kein gesundes Frühstück! Mich nicht wieder in die Ordnung der Welt einsortieren! Ich kann mir kaum etwas Befriedigenderes vorstellen. Doch leider habe ich manchmal den Eindruck, dass ich damit fast allein bin auf der Welt.

Noch in den Fünfzigerjahren des letzten Jahrhunderts war die dritthäufigste Freizeitbeschäftigung der Deutschen: »Aus dem Fenster gucken«. Heute völlig undenkbar. Für die meisten Menschen ist Nichtstun ungefähr so anstößig wie Nasepopeln, Onanieren oder jede andere Tätigkeit, die ihren Lohn in sich selbst trägt und keinen weiteren Nutzen bringt. Wir leben in einer Gesellschaft, die sich über Aktivität definiert, die besessen ist von dem Glauben, dass der Wert eines Menschen mit seiner Leistung korreliert. Entsprechend schöpfen wir mehr Selbstwertgefühl aus unserem beruflichen Erfolg als aus unseren Hobbys oder Familien. Je mehr jemand arbeiten muss, umso wichtiger ist er offenbar und umso höher ist sein Sozialprestige – das gilt selbst für Immobilienhaie, Waffenlobbyisten oder Leute, die für Cum-Ex-Geschäfte in Milliardenhöhe zuständig gewesen sind. Es ist dieser protestantische Irrtum, dem wir alle erliegen: Man müsse etwas tun, um sein Recht auf Erlösung nicht zu verwirken. Wer hingegen abends verabredet ist und die Frage »Und, was hast du heute gemacht?« mit »Nichts« beantwortet, wird ungefähr so angeschaut, als hätte er gerade gestanden: »Ich habe so viele Eiterpickel am Körper, dass ich den ganzen Tag gebraucht habe, sie alle auszudrücken.« Nichtstun ist für die meisten Leute nur in Shavasana akzeptabel, der »Leichenstellung« genannten Entspannungsübung am Ende jener Yogastunden, mit denen sie abends versuchen, die Fehler ihres Bürotags wiedergutzumachen.

Doch fühlen wir uns wohl mit unserer Aktivität? Kaum. Ständig jammern wir: über Zeitnot und Stress, über unsere Zerstreutheit und Unfähigkeit, uns noch zu konzentrieren, über das erschreckende Gefühl, dass uns bei alledem das Wesentliche doch ständig durch die Finger gleitet. Und dieser Eindruck ist nicht nur subjektiv: Der Anteil psychischer Erkrankungen an den Ursachen für Fehltage am Arbeitsplatz hat sich im vergangenen Jahrzehnt fast verdoppelt, psychosomatische Leiden wie Tinnitus, Schlaf- und Verdauungsstörungen nehmen massiv zu, das Burn-out-Syndrom greift rasant um sich, und das, obwohl Statistiken besagen, dass unsere Arbeitszeit stetig sinkt. 31 Urlaubstage hat der Deutsche pro Jahr, dazu kommen je nach Bundesland 9 bis 13 Feiertage – Zeit, in der wir uns billiger als je zuvor aus unserem Leben stehlen können. Trotzdem haben wir nur selten das Gefühl, uns im Urlaub wirklich zu erholen, und wenn, dann nicht so nachhaltig, dass der Effekt länger als ein, zwei Wochen anhalten würde. Doch vielleicht hat auch das etwas damit zu tun, dass wir oft sogar noch den Urlaub der allgemeinen Verwertungslogik unterwerfen, dass wir glauben, auf Reisen nichts verpassen zu dürfen, keine Sehenswürdigkeit, keinen interessanten Abstecher, keine lokale Spezialität.

Zugegeben, auch für mich ist morgendliches *dolce far niente* manchmal keine ganz leichte Übung. Zwei Jahre nach meinem Sohn habe ich noch eine Tochter bekommen; inzwischen geschieht es also ohnehin viel zu selten, dass ich mir diesen Luxus leisten kann. Doch selbst wenn ich einmal die Gelegenheit dazu habe, tue ich mich schwer damit. Sich abends faul ins Bett oder aufs Sofa zu legen – keine große Sache. Aber morgens, wenn der Tag noch wartet, wenn noch nichts erledigt ist? Der Schriftsteller Björn Kern nennt es in seinem sehr unterhaltsamen Buch über das Nichtstun völlig zu Recht die »Königsdisziplin«. Denn anders, als man denken könnte, heißt Nichtstun mitnichten einfach nur: nichts zu tun haben. Es ist kein passives Herumlungern, es ist eine Aktivität. Man muss aktiv alles übersehen, was danach schreit, dass man sich seiner annimmt: die Wäsche, unbezahlte Rechnungen, das schmutzige Geschirr vom Vorabend. Man muss aktiv das Gewissen bekämpfen, das sich gerne meldet, wenn man nicht am Rad der Welt weiterdreht. Man muss aktiv dem Affekt widerstehen, sich möglichst schnell wieder mit der Welt da draußen zu verbinden. Eigentlich müsste man sich ans Bett binden wie Odysseus an den Mast seines Schiffs, um dem Ruf der Sirenen nicht zu folgen, die damit locken, dass man doch wenigstens einen Kaffee kochen könnte!

Aber in Wirklichkeit brauchen wir morgens im Bett keinen Kaffee, genauso wenig wie Facebook oder die Nachrichten: Der Lauf der Welt hängt nicht davon ab, ob wir uns jetzt oder erst in zwei Stunden über ihn informieren. Letztlich geht es beim Im-Bett-Bleiben sogar genau darum: die Möglichkeiten, die einem das Leben bietet, *nicht* beim Schopf zu packen. Seinen Impulsen *nicht* zu folgen. Optionen verstreichen zu lassen, eine nach der anderen. Aus der Maschinenexistenz auszutreten. Und zu gucken, was dann passiert.

Es ist sonderbar. Unseren Körper setzen wir ständig auf Diät: kein Zucker, keine Zusatzstoffe, und jetzt hat Eckhart von Hirschhausen auch noch das »Intervallfasten« populär gemacht, bei dem man seinen Lebensmittelkonsum auf einen Zeitraum von 8 Stunden beschränkt und die übrigen 16 Stunden nicht das kleinste Bierchen trinkt. Das scheint tatsächlich gesund zu sein, aber unserem werten Denkorgan gönnen wir keine noch so winzige Pause – obwohl wir durchaus ahnen, dass das die Lösung für manches Problem sein könnte. Im Gegenteil: Wir hassen es, wenn wir zur Untätigkeit verdammt sind und unser Hirn mal ein paar Minuten lang nicht gefüttert wird. Lädt eine E-Mail mal länger als drei Sekunden, werden wir schon nervös. Geraten wir in einen Stau, kocht das Adrenalin fast über. Im Wartezimmer beim Arzt blättern wir in unserer Not sogar in Patientenmagazinen und Krebsvorsorgebroschüren. Die Bahn hat Verspätung? Wir posten es schäumend vor Wut bei Facebook – anstatt die Wartezeit als Geschenk zu betrachten, die Augen zu schließen und die Füße hochzulegen, ehe der Stress von Neuem beginnt.

Müßiggang ist aller Laster Anfang? Es gab mal eine Zeit, in der man das nicht so sah. In der Antike war mühevolle Arbeit etwas Verachtenswertes und der eigentliche Grund, warum man sich Sklaven hielt. Ein Mann guter Abstammung ließ sich lieber nicht schwitzend erwischen, sondern gab sich ostentativ *otium* hin, der schöpferischen Muße, die einen überhaupt erst in die Lage versetzt, sich philosophisch zu betätigen und einen halbwegs klugen Gedanken zu haben. »Niemals ist man tätiger, als wenn man dem äußeren Anschein nach nichts tut, niemals ist man weniger allein, als wenn man in der Einsamkeit mit sich allein ist«, heißt es bei Cato. Und auch Nietzsche erkannte, dass nur in der Untätigkeit wahre Freiheit liegt: »Die Tätigen rollen, wie der Stein rollt, gemäß der Dummheit der Mechanik«, schrieb er in *Hauptmangel des tätigen Menschen*, und: »Wer von seinem Tage nicht zwei Drittel für sich hat, ist ein Sklave, sei er übrigens, wer er wolle: Staatsmann, Kaufmann, Beamter, Gelehrter.«

Saß Archimedes etwa in einem Großraumbüro, als er das Prinzip des Auftriebs begriff? Natürlich nicht: Er planschte in der Badewanne. Oder John Lennon: Der hat seinen berühmten Song *Nowhere Man* erfunden, als er den Versuch, ein Lied zu komponieren, nach fünf Stunden aufgab und sich auf der Couch ausstreckte. Mir geht es ähnlich: Wenn ich beim Schreiben einmal nicht weiterweiß, ist das Beste, was ich tun kann, mich aufs Bett zu fläzen und ein bisschen mit einer Haarsträhne zu spielen – und schon sprudelt mein Hirn. Der chinesische Autor Lin Yutang, der davon überzeugt war, dass 90 Prozent der wichtigsten Entdeckungen der Welt zusammengerollt im Bett gemacht wurden, und der in seinem 1937 verfassten Essay *On Lying in Bed* sehr genau darauf eingeht, wie man das Im-Bett-Liegen am besten anstellt, beschreibt diesen magischen Mechanismus noch ein bisschen hübscher: »Denn dort, befreit von allen Telefonanrufen, wohlmeinenden Besuchern und den üblichen Trivialitäten des alltäglichen Lebens, sieht er das Leben wie in einem Spiegel oder wie durch einen Perlenvorhang, und ein Glorienschein poetischer Ideen fällt auf die Welt der Wirklichkeit und erfüllt sie mit magischer Schönheit.«

Dass einem die besten Ideen immer ausgerechnet dann kommen, wenn man gerade nicht um sie ringt, haben wahrscheinlich die meisten Menschen schon einmal selbst erfahren – wenn man nach einem guten ersten Satz für einen Brief sucht, keine Geschenkidee hat oder irgendein schwieriges berufliches Problem lösen will. Natürlich geht so einem magischen Moment, wenn uns ein gefühlt genialer Gedanke überkommt, stets eine Phase der intensiven Beschäftigung voraus: Ein Physiker wird die drängenden Fragen der Altphilologie auch durch noch so gründliches Nichtstun nicht lösen können. Doch wenn die Vorarbeit geschehen ist, kommt die Lösung oft einfach zu uns – wenn wir gerade nicht locken, drücken, pressen oder uns zwingen. Die Forschung kann dieses Phänomen inzwischen sogar wissenschaftlich begründen: Mithilfe von Kernspintomografen hat man herausgefunden, dass bestimmte Gehirnareale ihre Aktivität herunterfahren, sobald man über eine Aufgabe nachdenkt und sich konzentriert. Wenn man aber aufhört, sich angestrengt damit zu beschäftigen, steigt die Aktivität in diesen Arealen sprunghaft an. Unser Hirn, oder zumindest große Teile davon, sind aktiver, wenn wir inaktiv sind!

Der amerikanische Hirnforscher Marcus Raichle hat für dieses neuronale Muster den Begriff Default Mode Network geprägt, also ein »Ruhezustandsnetzwerk«, das immer dann anspringt, wenn unser Gehirn nicht auf Input reagieren muss und den Freiraum hat, reizunabhängig zu denken. Dabei werden neuronale Verbindungen organisiert, werden neue Erfahrungen in den gigantischen Schatz an bereits gemachten Erfahrungen einsortiert, wird Erlerntes neu bewertet – und neu verknüpft. Das Hirn bekommt die Gelegenheit, wie der Hirnforscher Wolf Singer es nennt, »in sich selbst spazieren zu gehen«. Der Journalist Ulrich Schnabel zitiert in seinem lesenswerten Buch *Muße. Vom Glück des Nichtstuns* sogar Wissenschaftler, die davon ausgehen, dass wir uns im Default-Modus unserer eigenen Identität versichern und sich in diesem Netzwerk unser Ich-Bewusstsein konstituiert – und dass ein gesunder Leerlauf lebenswichtig für unsere geistige Gesundheit ist.

Aber was machen wir dummen Jünger des Leistungsprinzips? Unterwandern jedes Nichtstun, indem wir die paar Mußestunden, die wir im Alltag haben, vor dem Fernseher oder bei Facebook verbringen. Und warum? Weil wir schon zu uninspiriert sind, um ein bisschen an die Decke zu starren und dem Gehirn dabei zu lauschen, wie es mal ein wahrlich interessantes Selbstgespräch führt?

Dabei ist dieser Teil des Nichtstuns der noch viel bessere. Denn wer es schafft, mal zwei Stunden oder auch nur zwei Minuten lang nicht den Stimmen zu gehorchen, die einen den ganzen Tag locken und antreiben und steuern und verführen, dem gelingt es vielleicht, zwischendurch mal die Stimme wahrzunehmen, die man im Alltag sonst gern überhört: die seiner wirklichen Bedürfnisse. Die einen in der Regel, wie Björn Kern so schön schreibt, eher nicht anweist, »sich vor dem Bildschirm den Nacken zu reiben und schon wieder eine Mail mit ›Lieber Herr Hartmann‹

zu beginnen«. Sie sagt einem vermutlich auch nicht, dass man unbedingt das neueste Smartphonemodell braucht, Mascara mit Falsche-Wimpern-Effekt, einen weiteren Bezahlsender, die neuen Herbstfarben oder parfümiertes Klopapier. Wer der Stimme sehr lange zuhört, könnte vielleicht sogar auf die Idee kommen, dass sein Leben ein besseres wäre ohne all dies. Dass es gesünder wäre, mit einem Menschen, den man gernhat, in der Sonne zu sitzen oder seinen Kindern beim Spielen zuzuschauen oder nachmittags ein Glas Wein zu trinken.

Vielleicht konnte sich die Redensart vom Müßiggang und den Lastern nur deshalb so lange halten: weil unser kapitalistisches System zusammenbräche, wenn die Menschen plötzlich liegen bleiben und sich fragen würden, wie sinnvoll es ist, weiter an der Herstellung von Dingen mitzuwirken, die so überflüssig sind, dass ein enormer Marketingaufwand nötig ist, um überhaupt ein paar Käufer dafür zu finden. Und ob sie nicht glücklicher wären, wenn sie hin und wieder einfach *nicht* aufstünden, sondern vom Bett aus beobachteten, wie die Sonne durchs Zimmer wandert und ohne ihr Zutun die Zeit verstreicht, während sie atmen und verdauen und die Welt sich dreht.

Die Nazis hatten übrigens so viel Angst vor einer möglichen Untätigkeit der Bevölkerung, dass Himmler am 26. Januar 1938 anordnete, jeden ins Konzentrationslager Buchenwald zu schicken, der arbeiten konnte und dies »ohne berechtigten Grund« nicht tat. Die »Arbeitsscheuen« stellten in seinen Augen eine Gefahr dar, einen Bazillus, der in der Lage war, den gesunden Organismus des Staates zu infizieren.

Und ungefähr so fühle ich mich, wenn ich den Tag zum Urlaub mache und morgens ein, zwei Stunden verstreichen lasse, ehe ich ins Badezimmer tapse, um mich wieder in einen gesellschaftsfähigen Zustand zu bringen: wie eine Laus im Fell des Kapitalismus, wie feiner Sand im sozialen Getriebe. Lümmel nicht so herum? Doch, tu es! Es ist die befreiendste Form des Widerstands – gegen das, was Mami predigte, gegen das, was die Leute denken, gegen den Irrsinn, in dem wir leben. Es ist herrlich!

Tag 4: Einen Spaziergang unternehmen

»1839 war es elegant, beim Promenieren eine Schildkröte mit sich zu führen. Das gibt einen Begriff vom Tempo des Flanierens in den Passagen.«
Walter Benjamin

Es verwundert mich immer wieder, wie sich der Blick auf die Welt ganz plötzlich verändern kann. Wie man von einem Tag auf den anderen fähig ist, Frieden mit Dingen zu schließen, mit denen man lange auf Kriegsfuß stand.

Bis zu dem Moment, in dem meine Tochter zur Welt kam, hatte ich geglaubt, Babys seien weitestgehend gleich, eben Babys. Das stimmt natürlich nicht: Meine Tochter war, obwohl sie dieselben Eltern hatte, dieselben Bodys und Strampler trug und im selben von der Nachbarin geliehenen Stubenwagen lag, von der ersten Lebenssekunde an ganz anders als ihr Bruder. Der war klein und zart gewesen, sie hingegen war groß und kräftig. Er hatte in den ersten Monaten seines Lebens viel geweint, sie war ruhig und selbstständig und lachte nur erfreut, wenn man sich zufälligerweise mal über ihr Bettchen beugte. Anders als ihren Bruder musste man sie auch nicht im Kinderwagen durch die Stadt schieben, damit sie endlich schlief, und das änderte für mich alles.

Denn mit dem Kinderwagen rausgehen zu *müssen*, das hatte ich gehasst, aber freiwillig fand ich es plötzlich ganz schön, mir die Schuhe zu schnüren, das Baby einzupacken und einfach so loszumarschieren.

Bis dahin hatte ich meiner Nachbarschaft nicht übermäßig viel Aufmerksamkeit geschenkt. Natürlich hatte ich, als wir hergezogen waren, Ausschau nach brauchbaren Geschäften und Restaurants gehalten, und selbstverständlich fiel es mir auch auf, wenn irgendwo ein neues Café aufmachte. Doch davon abgesehen war mein Kiez nur eine Landschaft, die ich möglichst schnell durchquerte, den Blick auf den Bürgersteig direkt vor mir gesenkt oder starr in die Ferne gerichtet. Ich hastete morgens zur U-Bahn, schleppte im Stechschritt Einkaufstüten, holte beim Spätkauf einen Liter Milch. Von meiner nächsten Umgebung bekam ich stets nur das mit, was ich unbedingt mitbekommen musste: kreuzende Radfahrer, den in der Ferne nahenden Bus, die eben umschaltende Fußgängerampel. Hundehaufen, dreckige Pfützen, eine aufziehende Regenfront, das kaum merkbare Rattern unter der Straße, das mir sagte, dass ich die U-Bahn verpassen würde. Ich war immerzu spät dran, und in meinem Kopf drehte sich das Karussell der Dinge, die ich noch zu erledigen hatte. Der Weg an sich war unbedeutend, und oft genug schreckte ich aus meinem einsamen Eilen verwundert auf und fragte mich, wie es sein konnte, dass ich trotz meiner Gedankenlosigkeit in der richtigen U-Bahn gelandet war.

Während der langen Kinderwagenausfahrten mit meinem Sohn war ich permanent in Angst erstarrt, ein loskläffender Hund oder ein heulender Krankenwagen könnte ihn wecken. Doch jetzt, mit meiner Tochter, schob ich den Wagen zum Vergnügen, einfach nur, weil ich es genoss, an der frischen Luft zu sein, und das Wetter schön war. Und plötzlich fand ich Gefallen: Ich verließ den Tunnel des Alltags, der ohne Umweg immer nur von A nach B führt, ich hastete nicht mehr, sondern *ging*. Zum ersten Mal war ich, wenn ich die Wohnungstür schloss, nicht bereits in Gedanken am Zielort, sondern lief einfach los, sah, roch, hörte.

Es hat in der Geschichte viele berühmte Spaziergänger gegeben: Beethoven, der auf den Wällen der Stadt Wien umherlief und dabei im Kopf seine großen Kompositionen ausarbeitete, ehe er sie aufs Notenpapier übertrug. Walter Benjamin, der beim Gehen sein berühmtes Passagen-Werk erdachte. Russ Meyer, der sich auf seinen zweistündigen Spaziergängen nach dem Mittagessen die Plots solcher Klassiker wie *Supervixens*, *Megavixens* und *Die Satansweiber von Tittfield* überlegte. Kierkegaard spazierte, genauso wie Nietzsche oder Rousseau. Und so fühlte ich mich nun selbst ein bisschen wie einer der Flaneure aus dem 19. Jahrhundert, deren einziges Ziel es war, im Augenblick anzukommen. Ich war mit meiner eigenen Gesellschaft (und der des Babys vorne im Wagen) zufrieden und doch offen für Kontakte. Ich war distanziert, aber fröhlich und versuchte, mich nicht zu irgendeinem Tempo zu zwingen, sondern mich wirklich *gehen zu lassen*: indem ich marschierte oder schlenderte, bummelte oder beschleunigte, langsamer oder schneller ging, je nachdem, wie mir gerade zumute war. Wenn ich etwas Interessantes entdeckte, blieb ich stehen. Wenn ich weitergehen wollte, ging ich weiter. Ich versuchte, so offen zu sein, als sei ich, wie es bei Walter Benjamin heißt, gerade »vom Schiff aus Singapur gestiegen und habe noch nie die eigene Fußmatte oder die Leute auf dem Treppenabsatz gesehen«. Es war tatsächlich ein »fragendes Gehen«, wie es der Landschaftsplaner, Fotograf und »Promenadologe« Bertram Weisshaar beschreibt, ein Gehen, das »ins Offene und Unbekannte« führte. Es ging mehr um eine Geisteshaltung als darum, den Körper zu bewegen.

Und doch spürte ich auch den. Viele Menschen berichten ja von den segensreichen Wirkungen des Joggens und wissen dabei nicht, dass schnödes Spazierengehen genauso gut für den Organismus ist: Es beugt Herz-Kreislauf-Erkrankungen ebenso vor wie Rückenschmerzen, Osteoporose, Depressionen und sogar Krebs, und das gelenkschonend und ohne dass man hinterher nassgeschwitzt unter die Dusche stolpern müsste. Nach ein paar Wochen auf der Straße hatte ich sogar das Gefühl, dass ich als Spaziergängerin den Joggern überlegen war: Schließlich war mir die Zahl der zurückgelegten Kilometer egal und erst recht, wie schnell ich gewesen war. Ich lebte nicht nach dem Leistungsprinzip, sondern nur für den Augenblick, in dem ich wieder einen Schritt machte und sich meine Perspektive wieder ein bisschen verschob, in dem ich wieder etwas entdeckte, das mir vorher nie aufgefallen war, obwohl es sich direkt vor meiner Haustür befand.

Und das war es, was mich am meisten erstaunte. Ich war auf der Suche nach Schönheit und Abenteuer oft um den halben Erdball geflogen, doch nun machte ich in meiner vermeintlich piefigen und uninteressanten Nachbarschaft eine Entdeckung nach der anderen. Der französische Philosoph Frédéric Gros beschreibt in *Unterwegs. Eine kleine Philosophie des Gehens* die Freiheit, die man erlangt, wenn man an den Punkt kommt, an dem man nicht mehr weiß, wie viele Stunden man schon gegangen ist, und an dem es unbedeutend wird, wohin man geht und warum. Es ist die Freiheit vom alltäglichen Geschäft des Lebens – aber auch die Freiheit der Selbstvergessenheit, wie man sie mit etwas Glück beim Meditieren erlebt. Und tatsächlich geriet ich hin und wieder in jenen Zustand, den die Psychoanalytiker »gleichschwebende Aufmerksamkeit« nennen, in dem mir Details in den Blick kamen, die mir als Radfahrerin und Linienbuspassagierin verborgen geblieben waren (und als U-Bahn-Insassin sowieso). Es war nichts Weltbewegendes, was ich so entdeckte. Eine Uhr auf dem Dach eines Hochhauses, die ich vorher nie bemerkt hatte. Die Fassade eines Gründerzeitgebäudes. Die vergessene Weihnachtsdekoration auf dem Balkon einer Wohnung, die sonst völlig unbehaust zu sein schien. Der Stolperstein an einem Eckhaus, vor dem wieder und wieder eine Rose lag. Ein verstaubtes Schaufenster. Ein besonders hübsch gepflegter Vorgarten. Ein lustiger Kneipenname (»Pub à la Pub«, »Narkosestübchen«).

Der französische Philosoph Roland Barthes stellte einmal fest, dass wir uns eine Stadt nur durch »Gehen und Sehen, durch Gewöhnung und Erfahrung« erschließen können, dass wir uns den Ort, an dem wir leben, nur aneignen und zu etwas Eigenem machen können, indem wir uns selbst als Ethnografen betätigen. Das klingt abgehoben, doch ich glaube, als ich meine Tochter durch Berlin-Schöneberg und die umliegenden Bezirke schob, wurde ich tatsächlich so etwas wie eine Ethnografin: Ich beobachtete das Leben um mich herum, aber nicht als eine Fremde (wie ich es auf einer Reise gewesen wäre), sondern indem ich ein Teil von ihm war. Ich fühlte mich fast ein bisschen wie früher als Kind, als ich unbeobachtet von Erwachsenen durch den Vorort streifte, in dem ich aufgewachsen bin. Damals drückte ich mich oft irgendwo herum, probierte Wege und Treppen aus, erkundete Waldstückchen und Wiesen, balancierte auf Mäuerchen, hüpfte über gepflasterte Garageneinfahrten – einfach nur so, weil sie und ich gleichzeitig existierten. Und doch passierte damals etwas, das magisch war: Unter meiner Berührung und meinem Blick verwandelten sich die Mauern und Gärten in *meine* Mauern und *meine* Gärten, wurde der Ort, in den meine Eltern zufälligerweise mit mir gezogen waren, zu einem Reich voller Geheimnisse – einem Reich, das ganz allein meines war. Und so geschah es auch jetzt: Der Kiez wurde plötzlich zu *meinem* Kiez, den nur ich so sehen konnte.

Nachdem ich mich jahrelang wie ein Schlafwandler durch Berlin bewegt hatte, ohne kaum je den Blick zu heben, bemerkte ich nun plötzlich auch die Leute, mit denen ich die Straßen teilte und denen ich sonst nie viel Beachtung geschenkt hatte: die Trinkerin mit den Leopardenleggins, die immer irgendwo in der Nachbarschaft anzutreffen war und von Zeit zu Zeit im Brunnen eines großen Platzes ein Bad nahm; der düstere Typ mit dem dunkelgrauen Mantel, der nicht aussah wie ein Bettler, mich aber immer wieder ansprach; der zauselige Erzieher des deutsch-italienischen Kinderladens. Nach und nach wurde mir meine Nachbarschaft vertraut wie das Gesicht eines geliebten Menschen, und nach und nach kam ich tatsächlich in Kontakt. Mit »meinem« Straßenzeitungsverkäufer, der mir von seinen nur elf Monate auseinanderliegenden Kindern erzählte und der manchmal den Kinderwagen weiterschuckelte, während ich schnell im Supermarkt Milch und Schokolade holte. Mit dem Besitzer des kleinen Computerladens, dessen Zwillingsbruder Polizist gewesen und bei einem Einsatz getötet worden war. Mit dem Koch der Kneipe nebenan, der ebenfalls ein kleines Kind hatte und nun tagsüber vorkochte, was seine Mitarbeiter abends auf die Teller brachten, weil er sonst nicht bei der Tochter zu Hause sein konnte. Mit dem Besitzer des schwulen Fetischladens, der tagsüber Peitschen und Lederhalsbänder verkaufte und abends seinen krebskranken Schwiegervater pflegte.

Meine täglichen Spaziergänge hatten etwas Sonderbares bewirkt: Indem ich ziellos umherlief, kam ich daheim an. Ich schlug, fast im Wortsinn, Wurzeln.

Tag 5: Ins Grüne fahren

> »*Ich ging in den Wald spazieren und kam größer als die Bäume wieder heraus.*«
> H. D. Thoreau zugeschrieben

Lange Zeit bin ich davon ausgegangen, dass die positive Wirkung eines Ausflugs aufs Land im Großen und Ganzen eingebildet ist. Wenn man sich eine Fitnesszeitschrift kauft, kommt man sich ja auch gleich viel gesünder vor. Oder wenn man einen großen Teller Salat isst. Bewegt man sich nicht in der Regel auf zwei Beinen durch die Natur? Und fühlt man sich nach körperlicher Aktivität an der frischen Luft nicht unweigerlich ein bisschen fitter? Eben!

Ich bin Zeit meines Lebens mit Leib und Seele Städterin gewesen – eine Fahrt ins Grüne war für mich kein wesentlich anderes Event als ein Konzertbesuch oder eine Schlossbesichtigung oder ein Nachmittag im Museum. Es war etwas, das man tat, weil das Wetter gut war und es schade gewesen wäre, den ganzen Tag in der Stube zu hocken. Manchmal wurde daraus zwar durchaus ein Abenteuer, manchmal hatte ich ein Erlebnis, das mich beeindruckte oder berührte – doch das änderte nichts daran, dass ich »Natur« als etwas empfand, das ausschließlich auf meiner Netzhaut passierte und sonst nichts weiter mit mir zu tun hatte.

Nicht dass ich kein ökologisches Bewusstsein gehabt hätte, im Gegenteil: Ich war lange Mitglied bei Greenpeace gewesen, kaufte Bioprodukte und Eier von Weidehühnern. Doch das war eher einer politischen Ratio geschuldet als einem Gefühl der Verbundenheit. Ich habe mich immer als ganz losgelöst von der Natur betrachtet, als ein Individuum, das natürlich Nahrung, ein Dach über dem Kopf und Freunde braucht, vielleicht noch eine nette Nachbarschaft und einen schnellen Internetanschluss, das aber ansonsten frei und unabhängig von seiner Umgebung ist. Während manche Nachbarn um mich herum sich ernsthafte Gedanken um das Gedeihen des Grünzeugs in den Blumenkästen vor ihren Fenstern machten, war ich fast stolz auf meinen »schwarzen Daumen«. Im Prinzip stellte ich Pflanzen nur zum Sterben auf den Balkon, denn unter meinen Händen ging alles ein: Basilikumtöpfchen und Kakteen und grüne Gästemitbringsel, ja sogar das Olivenbäumchen, das mein Mann und ich als Symbol für Beständigkeit und Treue zur Hochzeit geschenkt bekommen hatten. Leute, die ständig »aufs Land« fuhren, um dort vor Begeisterung hechelnd durchs Gemüse zu laufen, fand ich albern und irgendwie auch esoterisch. Und als Freunde mir eines Tages erzählten, sie hätten sich jetzt eine Gartenlaube an einem See östlich von Berlin gekauft, sah ich sie an, als hätten sie sich dazu bekannt, einer Sekte beigetreten zu sein oder Makramee zu machen. Auf die Einladung, sie dort draußen einmal zu besuchen, antwortete ich: »Unbedingt«, meinte aber eigentlich: »Nie im Leben«. Warum sollte man auch ernsthaft in Erwägung ziehen, die sichere Seite des S-Bahn-Rings zu verlassen?

Doch dann kamen die Kinder, und spätestens da reifte die Einsicht, dass wir unsere Wochenenden mitnichten weiterhin in Cafés und Restaurants und lesend auf dem Sofa verbringen konnten. Ich lernte schnell, dass Kinder ein bisschen wie Hühner sind: Sie werden verrückt und zerhacken sich gegenseitig, wenn man sie auf zu engem Raum hält und ihnen keinen regelmäßigen Auslauf ermöglicht. Und als wir es eines Tages satthatten, die Bälger Wochenende um Wochenende mit irrem logistischem Aufwand auf die Spielplätze der Nachbarschaft zu karren, beschlossen wir aus purer Not, uns den Garten unserer Freunde doch einmal anzusehen.

Wie erwartet war es grässlich: fünfzehn schlauchförmige Gärten, die sich zwischen Dorfstraße und einem baumbestandenen Abhang aneinanderdrängten. Kleine, geduckte Bungalows aus DDR-Zeiten. Das ganze traurige Schrebergarteninventar mit Ligusterhecken und quietschenden Hollywoodschaukeln, rostigen Doppelkochplatten und zusammengewürfeltem Geschirr. Die überdachten Freisitze, die klobigen Gummischuhe. Die verblichenen Plastikspielsachen und alten Gartenschläuche. Die schiefen, vergilbten

Vorhänge. Die mit Zucker und Teebeuteln gefüllten Schraubgläser in der sogenannten Küche. Es war all das, wovor wir – meine Generation und die Generation vor mir – in die Toskana geflohen waren. Es war so spießig.

Und inmitten des ganzen Elends unsere Freunde, die mit glücksbesoffenem Blick und dreckigen Fingernägeln von der neuen Wildfruchthecke erzählten, uns ihren Oregano anpriesen und die selbstgekochte Kornelkirschmarmelade und die penibel darauf achteten, dass jeder die Schuhe auszog, ehe er die mit PVC ausgelegte Laube betrat. Ich fühlte mich ungefähr so wie damals, als die ersten Frauen in meinem Freundeskreis Mutter wurden und ich nicht begriff, wie es passieren konnte, dass einstmals vernunftbegabte Menschen plötzlich, ohne mit der Wimper zu zucken, angesabberte Brezelstücke vertilgten und sich völlig ungerührt Erbrochenes mit Feuchttüchern von den Schuhen wischten.

Aber dann passierte da draußen etwas Komisches, das noch nie irgendwo sonst passiert war: Die Kinder verschwanden. Unser dreijähriger Sohn, der daheim einen durch pädagogisch wertvolles Spielzeug ausgelösten Wutanfall nach dem anderen hatte, flitzte los und verschwand hinter einer Hecke. Er kam nicht wieder, und als mein Mann nach einer Weile loszog, um nachzusehen, ob er nicht doch im nahen See ertrunken war, fand er ihn an einem Erdloch hinter der Laube, wo er mit Stöckchen und Steinen irgendetwas tat, das nur er verstand. Seine kleine Schwester krabbelte währenddessen glucksend durchs Gras, lutschte an Blumen, Holzstücken und Käfern und war ebenfalls vollkommen entspannt.

Erst wunderte ich mich nur, doch dann, nach einer Weile, merkte ich, dass auch mit mir etwas passierte. Es begann damit, dass sich mein Überwachungsmodus abschaltete. Stadteltern lassen ja eine beinahe unterbrechungslose Verbotssuada ab (Bitte am Treppengeländer festhalten! Nicht auf die Straße rennen! Da vorne bitte anhalten! Achtung! Vorsicht! Nicht so schnell! Nicht so langsam!), aber hier gab es mit Ausnahme des Sees eigentlich keine Gefahren. Es gab nichts, was ich hätte verbieten oder regulieren oder im Auge behalten müssen, und ich bemerkte, was für ein gutes Gefühl das war. Ich bin beileibe keine Helikoptermama, und doch war es so, als würde ich plötzlich landen. Ich saß einfach nur da, plauderte mit meinen Freunden, spazierte ein bisschen am See und im Garten umher und bemerkte Details, die mir nicht gleich aufgefallen waren: die Sonnenstrahlen, die durch die Krone des alten Apfelbaums drangen. Die im Nachmittagslicht errötenden Tomaten. Bunte Blüten und seltsam geformte Blätter, für die ich keine Namen, für die ich nicht einmal Kategorien hatte. Und als es Abend wurde und wir uns auf den Nachhauseweg machten, nahm ich dankbar ein Sträußlein Oregano und etwas Salbei mit, für die man in unserem Supermarkt einen Haufen Geld hätte zahlen müssen.

Zugegeben: Erst glaubte ich nicht daran. Ich ging davon aus, dass die Kinder eben einen guten Tag gehabt hatten und es uns eher gut bekommen war, dass es da draußen keinen ordentlichen Handyempfang gab. Ich konnte mir schlichtweg nicht vorstellen, dass der Weg zu einem einfacheren, entspannteren Leben wirklich so simpel war. Wenn Menschen tatsächlich nur ein bisschen schmuddeliges Grün um sich herum bräuchten, um sich gut zu fühlen, warum lebten sie dann überhaupt in der Stadt? Ein Lebenskonzept, das seit Jahrtausenden eine Erfolgsgeschichte war, konnte doch kein Irrtum sein, oder? Kamen nicht fast alle Familien, die ich kannte, auch ohne Wochenendgrundstück sehr gut mit ihrem Leben zurecht? Sogar die, die nicht einmal eine Wohnung mit Balkon hatten?

Ein paar Wochen später fuhren wir wieder hinaus, und es war dasselbe: Die Kinder waren glücklich irgendwo unterwegs, wir Eltern saßen entspannt zusammen. Ein paar Wochen danach das gleiche Bild: keinerlei Kindergenerve, Eltern fast im Nirwana. Und waren wir das wirklich nur, weil die Kinder glücklich waren? Hatte die Natur nicht auf uns alle eine positive Wirkung – obwohl wir gar nichts taten, weder wanderten noch joggten, pflückten oder jäteten oder mit den Fingern in der Erde wühlten? Aber so war es: Wir saßen einfach nur auf einer Bank, blickten in das Grün um uns herum, streckten alle viere von uns und spürten mit nackten Sohlen das Gras unter unseren Füßen.

Dass die Natur tatsächlich einen Nutzen für uns hat, und zwar einen, der über die vorhersagbaren Effekte von Bewegung an der frischen Luft hinausgeht, belegen mittlerweile zahlreiche Forschungen. Wissenschaftler aus der ganzen Welt raten ganz banal: Fahren Sie öfter mal ins Grüne! Es geht schon damit los, dass unsere Augen gar nicht dazu geschaffen sind, ständig nur Stadtlandschaften zu betrachten. Studien über die psychische Wirkung von Farben deuten darauf hin, dass das Grau einer asphaltierten Straße uns aggressiv und unglücklich macht, während wir die Blau- und Grüntöne der Natur erholsam finden – schließlich waren sie in unserer Evolution stets ein Hinweis darauf, dass Wasser in der Nähe ist, wir also nicht verdursten werden und uns somit entspannen können.

Zudem wimmelt es in der Natur nur so von Mustern, die erwiesenermaßen beruhigend auf uns wirken: Fraktale nennt man diese Strukturen, bei denen das Ganze seinen Einzelteilen ähnelt, sich also eine Struktur im Kleinen wie im Großen wiederholt – etwa bei dem Baum, dessen Form sich in den Blattrippen wiederfindet, oder am Meer, wo sich kleine Wellen zu großen Wellen zusammenfinden, oder beim Romanesco-Kohl oder bei Eiskristallen. Der amerikanische Physik-, Psychologie- und Kunst-Professor Richard Taylor hat viel darüber geforscht, woher es kommt, dass der Anblick dieser unendlichen Strukturen unser Stresslevel um 60 Prozent senken kann, und dabei festgestellt, dass der menschliche Sehapparat (vermutlich, weil er sich in natürlicher Umgebung entwickelt hat) diese Muster ohne jede Mühe verarbeitet – und dass es genau diese Mühelosigkeit ist, die uns so entspannt. Wir lieben es, die Natur zu betrachten, weil wir es so gut können!

Auch scheint unser Sinnesapparat auf das Reizniveau der Natur besser angepasst zu sein als auf das in der Stadt: Während dort Reize eher gleichförmig sind (wie der rauschende Straßenlärm oder die künstliche Beleuchtung, die entweder an oder aus ist), sind sie in der Natur eher vielfältig: das Wechselspiel von Licht und Schatten, die sich ständig verändernde Temperatur, die changierenden Farben, das Rauschen der Blätter im an- und abschwellenden Wind … All das stimuliert uns, ohne unsere Sinne zu überreizen. Außerdem zieht in der Stadt ununterbrochen etwas unsere Aufmerksamkeit auf sich: der Verkehr, das vibrierende Smartphone, U-Bahn-Durchsagen, flimmernde Werbebotschaften, lärmende Nachbarn. In der Natur hingegen können wir in aller Regel selbst bestimmen, worauf wir unsere Wahrnehmung richten wollen, sei es der Duft feuchter Erde, die Weite eines Feldes, das Summen einer Fliege oder der Windstoß, der uns den schwitzenden Nacken kühlt.

Ist Ihnen all das noch zu vage? Dann lesen Sie doch mal, was man inzwischen über die positiven Effekte von Waldspaziergängen weiß. Es ist verrückt! In Japan (wo es seit den 1980er-Jahren staatliche Gesundheitsprogramme für *Shinrin Yoku*, das »Baden im Wald«, gibt und »Waldmedizin« seit 2012 ein eigener universitärer Forschungszweig ist) fanden Wissenschaftler heraus, dass sie sowohl Blutdruck und Blutzucker senken als auch den Spiegel von Stresshormonen wie Adrenalin und Cortisol. Waldspaziergänge können Depressionen lindern, die Gesundheit von Herz-Kreislauf- und Stoffwechselsystem unterstützen, Konzentration und Gedächtnis verbessern, Energie und Tatkraft fördern. Sie verbessern die Schlafqualität und stärken sogar das Immunsystem: Schon ein einziger Tag inmitten von Bäumen soll die Anzahl und Aktivität der natürlichen Killerzellen im Blut um fast 40 Prozent erhöhen – das sind jene speziellen weißen Blutkörperchen, die Viren, Bakterien und andere Eindringlinge so lange in Schach halten, bis unser Immunsystem spezifische Abwehrstoffe gebildet hat. Sie entfernen sogar Tumorzellen und potenzielle Krebszellen aus dem Körper. Der Effekt ist noch sieben Tage messbar. Nach zwei Tagen im Wald hält er sogar einen ganzen Monat lang an! Die Ursache dafür? Terpene! Das sind sekundäre Pflanzenstoffe, die sich gasförmig in der Waldluft anreichern, unter anderem dann, wenn Pflanzen von Bakterien, Insekten und Pilzen angegriffen werden. Mit ihnen schützen sich die Pflanzen vor den Schädlingen, mit ihnen »warnen« sie aber auch Pflanzen in der Nachbarschaft, die den Ruf genau entschlüsseln können und gezielte Schutzmaßnahmen ergreifen – und das, bevor der Schädling bei ihnen eingetroffen ist. Terpene sind also so etwas wie die Wörter der Sprache, mit der die Pflanzen eines Ökosystems miteinander kommunizieren. Und offenbar sind unsere Körper in der Lage, diese Codes ebenfalls zu entschlüsseln.

Das Beste jedoch ist: Sie müssen dafür nicht nach Japan reisen. Auch nicht zu irgendeinem anderen fernen Urlaubsziel. Sie müssen noch nicht einmal nach Usedom, wo es seit 2017 den »ersten zertifizierten Kur- und Heilwald Deutschlands« gibt. Im Prinzip tut es jeder gesunde Stadtwald, von denen viele auch noch leicht mit öffentlichen Verkehrsmitteln erreichbar sind: seien es Grunewald oder Tegeler Forst, Düsselauen oder Chorbusch, Flaucher, Raakmoor oder Greutterwald. Und: Sie brauchen keine Walderlebnispfade, müssen keine Sporteinheiten absolvieren. Sie benötigen keine Wanderstöcke, keine Goretexjacke, keine Trekkingausrüstung. Sie müssen keine Bäume umarmen und nicht meditieren. Es reicht, einfach nur im Wald zu sein und die Luft dort einzuatmen.

Sie sind nicht so der Waldtyp? Auch kein Problem. Bereits ein simpler Spaziergang durch eine grüne Umgebung lässt den Stresslevel sinken – und zwar deutlich mehr, als wenn man genauso flott und lange eine Straße entlanggeht. Ja, im Prinzip muss man sich nicht einmal bewegen: Forscher der Universität Michigan haben herausgefunden, dass es schon ausreicht, zwanzig bis dreißig Minuten in einer Umgebung, die einem »ein Gefühl von Natur vermittelt«, *zu sitzen*, um den Cortisolspiegel im Körper effektiv zu senken – vor allem dann, wenn man währenddessen nicht liest oder telefoniert oder auf dem Smartphone herumwischt. Nicht einmal genießen muss man seinen Aufenthalt im Grünen! Die Effekte sind an einem sonnigen Sommertag dieselben wie bei minus 5 Grad im Januar. Erste Resultate zeigen sich übrigens schon nach fünf Minuten. Fünf Minuten!

Offenbar saugen wir sogar kleinste Natureinheiten auf: Studenten können sich besser konzentrieren, wenn es Pflanzen in ihrem Zimmer gibt. Jugendliche lösen komplexe Aufgaben schneller und mit weniger Fehlern, wenn sie durch ein Fenster aufs Grün schauen können. Gedächtnisleistung und Stimmung verbessern sich in der Natur, genauso wie Kreativität und die Fähigkeit zur Problemlösung. Die amerikanische Psychologin Francis Kuo untersuchte das Befinden der Bewohner eines großen Wohnblocks in Chicago und stellte fest, dass die, die von ihren Wohnungen aus Bäume oder Blumenbeete sehen konnten, besser mit ihrem Leben zurechtkamen als jene, die auf den Parkplatz blickten. Ein Baum vor dem Fenster hat sogar heilende Wirkung, das hat der schwedische Forscher Roger S. Ulrich herausgefunden: Seine berühmt gewordene »Fenster-Studie« beweist, dass Patienten, die nach einer Operation aus ihrem Krankenhausbett ins Grüne blicken, weniger

Schmerzmittel brauchen als solche, die auf eine Mauer schauen. In späteren Studien stellte er fest: Die Genesung wird schon durch eine Zimmerpflanze in der Nähe gefördert, ja sogar Naturfotografien (Ulrich verwendete das Bild eines offenen, von Bäumen gesäumten Flusslaufs) helfen dabei, sich rascher zu erholen und den Schmerzmittelbedarf zu senken. Kein Wunder, dass wir es als so wohltuend empfinden, wenn wir uns mit einem ganzen Tag in der Natur quasi die volle Dröhnung geben!

Um Missverständnissen vorzubeugen: Es geht mir nicht darum, Stadt und Land oder Zivilisation und Natur gegeneinander in Stellung zu bringen. Ich liebe das Leben in der Stadt – ich bin gern unter Leuten, ich mag es, Restaurants und Buchläden und Museen und Feinkostgeschäfte in der Nähe zu haben. Aber nach und nach begreife ich auch, wie viel die Stadt ihren Bewohnern abverlangt und dass uns all der Input, den wir uns unter Menschen holen können, nicht weiterhilft, wenn wir dann zu unkonzentriert und zerstreut sind, um brauchbaren Output zu produzieren. Inzwischen bin ich anders als vorher nicht mehr völlig uneingeschränkt dafür, Städte ganz pragmatisch nachzuverdichten, also Brach- und Grünflächen zu opfern, um so Wohnraum zu schaffen und bezahlbar zu halten. Denn Untersuchungen zeigen, dass Menschen, die in der Nähe einer städtischen Grünanlage wohnen, eine höhere Lebenszufriedenheit haben, während ihr Risiko für Diabetes, Übergewicht, Depressionen, Schlafstörungen, Ängste, Gelenkerkrankungen und Herz- und Atemwegsleiden sinkt (und dieser Zusammenhang scheint tatsächlich kausal zu sein: Wer in die Nähe eines Parks zieht, wird zufriedener). Eine

Forschergruppe in Toronto stellte fest, dass zehn Bäume mehr pro Häuserblock die Anwohner genauso glücklich machen wie eine Gehaltserhöhung um 10 000 Dollar oder eine Verjüngung um sieben Jahre. Und auch der umgekehrte Effekt ließ sich beobachten: Als sich in den USA der Asiatische Eschenprachtkäfer ausbreitete, verwandelten sich einst grüne Wohngegenden in baumlose Ödnis. In den betroffenen Gebieten stieg die Mortalitätsrate an, vor allem durch Herz- und Kreislauferkrankungen und durch Erkrankungen der Atemwege. Offenbar hat also nicht nur ein Plus an Natur Folgen, sondern auch ein Verlust derselben. Und wen wundert's? Die Natur war Millionen Jahre lang unser Habitat, und wir wissen, was mit Tieren passiert, denen man ihren natürlichen Lebensraum entzieht, um sie zum Beispiel im Zoo unterzubringen: Manche entwickeln ausgeprägte psychische Auffälligkeiten, obwohl Verhaltensstörungen in freier Wildbahn eigentlich unbekannt sind.

Apropos: Menschen, die in Städten leben, haben ein deutlich höheres Risiko, psychisch krank zu werden, als Landbewohner. Besonders bei der Schizophrenie ist der Zusammenhang eklatant: Stadtbewohner sind doppelt so gefährdet – und das nicht etwa aufgrund von Selektionseffekten, also etwa deshalb, weil anfällige Menschen häufiger in Metropolen ziehen. Nein, es gibt eine klare Dosis-Wirkungs-Beziehung: Je größer die Stadt und je länger man darin lebt, desto höher ist die Wahrscheinlichkeit zu erkranken. Forscher glauben, dass die Ursache hierfür nicht nur in dem sozialen Stress liegt, der durch soziale Dichte und gleichzeitige Isolation entsteht, sondern dass es einen weiteren Grund dafür gibt: fehlenden Kontakt zur Natur nämlich. Und der Zusammenhang lässt sich sogar mikrobiologisch begründen.

In jedem natürlichen Bodenökosystem kommt ein Bakterium namens *Mycobacterium vaccae* vor. Dieses Bakterium verschlucken wir oder atmen wir ein, wenn wir draußen in der Natur sind. Dabei wird es Teil der Flora unseres Darms, wo es die Bildung von Antikörpern stimuliert und immunregulierend wirkt (unter anderem schützt es erwiesenermaßen vor dem Tuberkuloseerreger und wahrscheinlich vor der Entwicklung von Allergien – Kinder, die in der Stadt leben, bekommen dreimal häufiger Allergien und achtmal häufiger Asthma als Kinder im ländlichen Raum). Vom Darm aus nimmt das *Mycobacterium vaccae* aber nicht nur Einfluss auf unsere physische Gesundheit, sondern auch auf unser Gehirn: Forscher konnten zeigen, dass die Aufnahme des Bakteriums unseren psychischen Gesundheitszustand verbessert und uns möglicherweise sogar vor Angststörungen und Psychosen schützt (was wiederum etwas damit zu tun hat, dass das Bakterium den Serotoninhaushalt positiv beeinflusst und Entzündungen lindert, die mit psychischen Problemen in Zusammenhang stehen). Vermutlich macht das Leben in der Stadt also auch deshalb so viele Menschen krank, weil der fehlende Kontakt zur Natur ganz einfach die Zusammensetzung und Stoffwechselaktivität der Darmflora beeinträchtigt. Sie sehen also: Es ist nicht nur oberflächliche Wellness, hin und wieder eine »Naturpille« zu nehmen und in den Wald, an einen See oder in einen Park zu gehen. Es kann de facto helfen, unsere Gesundheit zu bewahren.

Und vielleicht kommt ja nach so einem Urlaubstag im Grünen tatsächlich irgendwann auch die Lust, sich mit der Natur zu verbinden, sich auf den Boden zu knien und ein bisschen in der Erde zu wühlen. Viele versuchen ja ausgerechnet heute, da die Digitalisierung es endgültig ermöglicht, sein Leben zu führen, ohne vom Schreibtischstuhl aufzustehen, verzweifelt, an ein Stückchen Land zu kommen, um ihm mit Harke und Händen etwas abzuringen. In letzter Zeit sind immer wieder Bücher von Menschen erschienen, die davon berichten, wie sie beim Graben in der Erde zu sich selbst fanden: Da ist der Londoner Gastrokritiker, der beim Anbau alter Gemüsesorten die Traumata seiner Kindheit verarbeitet. Oder Meike Winnemuth, die ein Buch über das Glück geschrieben hat, Boden unter den Füßen zu finden, »den ich persönlich dorthin geschaufelt habe«. Oder der Text des Philosophieprofessors Byung Chul-Han, der beim Jäten seine Spiritualität entdeckte: »Je länger ich im Garten arbeitete, desto mehr Respekt bekam ich vor der Erde. Inzwischen bin ich tief davon überzeugt, dass die Erde eine göttliche Schöpfung ist.«

Anders als Chul-Han halte ich die Existenz einer wie auch immer gearteten Gottheit für unplausibel, aber ich muss zugeben, dass mich das Leben schon zweimal um ein Haar davon überzeugt hätte, dass da doch etwas ist, das dem Leben und Werden auf der Welt eine Richtung gibt. Der eine Moment war während meiner ersten Schwangerschaft, als ich plötzlich Zeugin davon wurde, wie in meinem Bauch irgendetwas anderes das Kommando übernommen hatte, wie da eine einzelne Zelle plötzlich ihr Bauvorhaben voranzutreiben schien, wie sie sich immer weiter teilte und dabei offenbar einem präzisen Plan folgte. Der andere Moment war der, als ich zum ersten Mal ein winziges Samenkorn in ein Anzuchttöpfchen steckte und ihm vorsichtig Wasser gab und dann das passierte, was in jeder Sekunde milliardenfach auf der Welt passiert: Der Samen brach auf, und ein winziger Spross reckte seine Nase in die Luft – unendlich zart und unendlich verletzlich. Und doch darauf programmiert, groß und stark zu werden und unterarmlange Gurken hervorzubringen. Ich habe schon Einiges gesehen, aber das, das war schon etwas.

Wir haben heute kaum noch Kontakt zur Natur – zu ihrem ewigen Kreislauf aus Werden und Vergehen. Doch seit auch wir ein Gärtchen haben und ich mit mäßigem Erfolg, aber umso größerem Staunen Erbsen, Tomaten und Gurken ziehe, glaube ich, dass es mindestens so gesund ist wie das regelmäßige Inhalieren von Terpenen, hin und wieder einer Pflanze beim Wachsen zuzusehen. Ich habe keine experimentellen Beweise dafür, sondern nur diese Gewissheit, die von tief her in mir aufgestiegen ist und mich seitdem erfüllt: Es tut gut zu sehen, dass die Welt voller Lebewesen ist, die uns überhaupt nicht benötigen, dass das Grün wächst und wuchert, wenn man es nur lässt und nicht mit Herbiziden und schwerem Gerät vernichtet. Dass die Natur einfach tut, was sie tut – nämlich wachsen und welken –, ohne sich darum zu kümmern, ob sie von uns beobachtet wird oder nicht, völlig ungerührt von unseren Eitelkeiten und Sorgen und davon, welchen Tee wir trinken oder wer unsere Freunde bei Facebook sind. Die Welt verschwendet und verausgabt sich, aber sie tut es nicht für uns – sie nimmt uns nur so hin. Unser Platz auf der Erde ist nicht selbstverständlich, und erst recht ist er nichts, worauf wir einen Anspruch geltend machen dürften.

Das Tolle ist: Niemand muss in die Ferne reisen, um all das zu erleben. Wir müssen keine Safari buchen und keine Dschungelexpedition, wir müssen nicht in die Weiten Patagoniens, Namibias oder der Mongolei, nicht in den Himalaja, nicht nach Finnland, um erholt und erfrischt nach Hause zurückzukehren: ein Park, ein Wäldchen, irgendein Seeufer in der Nähe genügt. Oder ein Gärtchen mit Bungalow aus DDR-Zeiten, östlich von Berlin.

Tag 6: Eine einfache Mahlzeit zubereiten

*»Fangen Sie immer mit einem größeren Topf an,
als Sie zu brauchen glauben.«*
Julia Child

Vor ein paar Jahren war ich in einem Restaurant, das mein Leben verändert hat. Es befindet sich in der Rue Raoul Bosio, einer der unzähligen kleinen Einbahnstraßen, die die Altstadt von Nizza wie ein Irrgarten durchziehen. Von außen ist es ein gänzlich unscheinbares *hole in the wall*: rote Markise, Holzperlenvorhang, ein altes Fahrrad vor der Tür. Drinnen: ein schlauchartiger Raum. Eine lange Bank. Hocker statt Stühle an den eng gestellten Tischen. 28 Quadratmeter – inklusive der Klos und der winzigen offenen Küche. Auf den Schiefertafeln, die anstelle von Speisekarten an den Tisch gebracht werden, stehen klassisch provenzalische Gerichte: Ratatouille und Ochsenschwanz, Kalbskopf und Kuttelwurst, Zwiebeltarte und Stockfisch. Wer eine Reservierung ergattern möchte, muss persönlich vorsprechen oder eine Postkarte schreiben, denn das Lokal hat kein Telefon und keine E-Mail-Adresse, geschweige denn Anschluss an ein elektronisches Buchungssystem. Trotzdem sind alle zwanzig Plätze eigentlich immer belegt.

Und das hat einen Grund. Das »La Merenda« wurde dreißig Jahre lang von dem Nizzaer Ehepaar Christiane und Jean Giusti geführt und war schon damals für seine regionaltypische, gute Küche berühmt. Doch irgendwann entschlossen sich die beiden, in den Ruhestand zu gehen. Als Dominic Le Stanc, zu der Zeit noch Küchenchef in einem noblen Zwei-Sterne-Restaurant (dem »Chantecler« im feudalen Hotel Négresco), davon hörte, kündigte er kurzerhand und übernahm das Lokal. Und er veränderte: nichts. Gut, anstatt zwei verschiedenen Weinen gab es nun drei. Aber sonst? Le Stanc heuerte keinen Innenarchitekten für ein schickes Makeover an, kaufte keine neuen Möbel und keine neue Küche. Er modernisierte und verbesserte nichts. Und vor allem beließ er die Karte genau so, wie sie war. Er bereitete alle Gerichte exakt auf die Art zu, wie schon die Giustis sie zubereitet hatten. Tag für Tag stand der Starkoch von nun an in der winzigen Küche und kochte das nach, was schon Jahrzehnte vor ihm gekocht worden war, genau so und nicht anders.

Ich hatte natürlich nie im »Chantecler« gegessen. Aber es war ziemlich klar, dass Le Stanc bis jetzt vor allem Hummer und Stopfleber zubereitet hatte und dass er am Herd vermutlich *alles* konnte – Soufflés und Espumas und mit allerlei Mikroelementen verzierte Süppchen und Törtchen und Türmchen. Und trotzdem hatte er beschlossen, alles in der Spitzengastronomie (unter anderem in dem legendären elsässischen Drei-Sterne-Restaurant »L'Auberge de l'Ill«) Erlernte zu vergessen und stattdessen so zu kochen, wie es wahrscheinlich schon seine Großmutter getan hatte.

Es war ein bisschen so, als hätte Mozart aufgehört zu komponieren, um fortan Volkslieder zu singen. Etwas nicht besser zu *können*, das mochte ja noch angehen. Doch sein Potenzial bewusst ungenutzt zu lassen und in Demut etwas genau so weiterzumachen, wie es schon immer gemacht worden war? Seine kreative Ader nicht auszuleben? Sich ganz zurückzunehmen und nichts zu reformieren? Wir leben ja in einer Gesellschaft, in der Originalität fast oberste Maxime ist. Um wenig bemühen wir uns so sehr wie darum, *unsere Persönlichkeit auszudrücken* – durch unsere Kleidung, unsere Einrichtung, unsere Instagramposts; durch die Art, wie wir reisen, und natürlich auch durch unsere Küche. Wie konnte da einer einfach nicht mitmachen? Wenn ich ein Traditionslokal übernommen hätte, hätte ich mit Sicherheit versucht, alles zu verbessern: das unbequeme Mobiliar, die viel zu übersichtliche Weinauswahl, die unpraktischen Schiefertafeln. Ich hätte die Karte überarbeitet und die Gerichte modernisiert. Ich hätte versucht, es zu *meinem* Lokal zu machen, in dem ich *meine* Küche serviere.

Doch als ich die erste Gabel von der Ratatouille probierte, die der Kellner schon kurz nach unserer Bestellung an den Tisch brachte, verstand ich plötzlich, was Le Stanc zu seiner Demut verholfen haben mochte: Denn diese Ratatouille war perfekt so, wie sie war. Sie hatte Würze und geschmackliche Tiefe und trotz ihrer Geschmeidigkeit noch ein wenig Biss. Sie schmeckte nicht nur nach Tomaten, Auberginen und Paprika, sondern auch nach der Sonne über dem Mittelmeer und den Kräutern, die an der Côte d'Azur allgegenwärtig sind. Es war natürlich keine Sterneküche, und man hätte sie gewiss ganz anders kochen können. Aber dann wäre es nur eine *andere* Ratatouille geworden, und keine, die besser war. Diese Einsicht vertiefte sich mit jeder Gabel, die ich aß: dass es offenbar Dinge gab, die man einfach so belassen konnte, wie sie waren. An denen man nicht herumdoktern musste. Die keine Korrektur nötig hatten.

Ich bekam das Mittagessen im »La Merenda« nicht aus dem Kopf. Ich hatte schon immer gern gekocht, doch ich hatte mich eher zur Fraktion der Aufrührer gezählt, die immerfort versuchten, alles anders zu machen. Ich hatte Tomaten-Vanille-Marmelade gekocht und Ochsenbacken mit Malzbier und Balsamico statt in einfacher Rotweinsauce; ich hatte Soße in Nudeln gefüllt, statt schlichtweg die Nudeln in die Soße zu geben. Niemals hätte ich Mozzarella mit Tomaten und Basilikum serviert, nein, es musste Mozzarella mit gegrillter Paprika und Bottargha sein oder mit Blutorange, Lavendelöl und Koriander, oder ich nahm gleich die noch feinere Burrata und servierte sie mit Karotten, Linsen und Dill. Wenn ich meinem Mann und mir am Wochenende oder an einem freien Tag etwas Gutes tun wollte, verbrachte ich ganze Tage in der Küche, in denen ich mit vier Töpfen gleichzeitig jonglierte. Und wenn ich Besuch erwartete, benötigte ich oft genauso viel Zeit fürs Einkaufen wie fürs Zubereiten, weil die Zutaten für manche meiner Lieblingsgerichte selbst in einer Großstadt wie Berlin kaum zu bekommen waren.

Doch nun fragte ich mich, warum ich überhaupt solch einen Aufwand betrieb. Ging es nicht auch einfacher und ohne Extravaganzen? Was wollte ich mir eigentlich beweisen?

Ich fing mit ganz normalen Rinderrouladen an, die herrlich wurden. Als Nächstes probierte ich mich an einem »einfachen« Leipziger Allerlei mit frischem Spargel, Flusskrebsen und Morcheln. Ich schmorte einen schlichten, traditionellen Coq au Vin. Und reduzierte von dort aus immer weiter. Statt wie früher meinen Gerichten immer noch etwas Neues hinzuzufügen, versuchte ich nun, möglichst viel wegzulassen. Ich bereitete ein Brathuhn zu, das mit nichts anderem als Salz und Pfeffer gewürzt und mit einer Zitrone gefüllt war. Ich lernte, aus Spaghetti, Butter und Parmesan mit viel Sorgfalt ein Gericht herzustellen, das ich sogar Gästen servierte. Ich lernte, aus Mehl, Wasser, Hefe ein Brot zu backen, das besser war als jedes Brot, das man in einer Berliner Bäckerei bekam. Ich lernte, wie ich mit unendlicher Geduld ein Rührei zubereiten konnte, das ich ohne zu zögern der Queen vorsetzen würde, wenn sie einmal zum Frühstück vorbeikäme. Und noch etwas lernte ich: dass es Rezepte gab, die in ihrer Einfachheit so gut waren, dass sie die Aromenfeuerwerke, die ich davor abgefackelt hatte, wie ein funzeliges Lichtlein wirken ließen.

Nichts gegen zeitintensive Schmorgerichte oder komplexe Dessertkreationen – hin und wieder koche ich immer noch ganz gerne aufwendig. Aber gerade an einem Urlaubstag daheim laufe ich nicht mehr los, um endlose Einkaufslisten abzuarbeiten und dann in der Küche zu schwitzen. Stattdessen gehe ich morgens zum Kühlschrank und fange mit diesem Rührei an. Ich schlage ein paar gute, frische Eier vom Erzeugermarkt auf, verquirle sie und gebe sie zu einem Stückchen langsam schmelzender Butter in eine beschichtete Pfanne. Ich stelle die Temperatur auf die allerniedrigste Stufe – nichts darf brutzeln, braten oder zischen. Und dann fange ich an, das Ei mit einem Holzspatel zu rühren, sanft und vorsichtig. In den ersten Minuten sieht es so aus, als würde überhaupt nichts passieren, als würde der Glibber einfach Glibber bleiben. Aber ich bezwinge den Impuls, die Hitze höher zu drehen. Stattdessen übe ich mich in Geduld und rühre weiter, und tatsächlich, nach einer Weile wird das Ei hier und da etwas sämiger. Ich rühre weiter und immer weiter, erst bangend und dann staunend, wenn es mir wieder einmal gelingt, eine wabbelnde Flüssigkeit in die zarteste Creme zu verwandeln, die man sich vorstellen kann, eine Delikatesse, die vor allem aus dem Verzicht auf alle Sperenzchen und einer Portion Demut besteht und bei der sich ein paar Eier in das Beste verwandelt haben, was ein Ei werden kann.

Ein anderer meiner Ferienklassiker ist eine ganz einfache Tomatensoße, die in mir wie kein anderes Rezept das Gefühl von Urlaub auslöst. Ich habe sie schon in gigantischen Ferienhausküchen gekocht und in winzigen Kitchenettes ebenso winziger Ferienwohnungen. Am liebsten aber koche ich sie in meiner heimischen Küche. Sie ist das perfekte Urlaubsessen, denn sie ist einfach, und man kann die Zutaten dafür im Laden an der Ecke bekommen: Mehr als Dosentomaten, eine Zwiebel, Butter und Salz braucht es nicht. Meistens habe ich all das zu Hause sogar vorrätig, doch das ist nicht der Grund, warum ich sie so gern koche, wenn ich frei habe und daheim bin. Der eigentliche Grund ist der, dass ihre Zubereitung fast ein Akt der Meditation ist – denn sie zu kochen bedeutet vor allem, nichts zu tun. Nichts zu tun, was die Soße dabei stört, sich zu verwandeln und, nun ja – zu sich selbst zu finden.

Das Rezept stammt aus einer der Bibeln unter den Kochbüchern, einem Buch, das seit seinem Erscheinen 1973 alle Moden überlebt hat: *Die klassische italienische Küche* von Marcella Hazan, einer jener Köchinnen, die eine innere Kompassnadel zu haben scheinen, wenn es darum geht, mit größtmöglicher Behutsamkeit das Allerbeste aus ihren Zutaten herauszukitzeln. Es ist ein Rezept, das mich beim ersten Nachkochen enttäuscht hat, weil ich mich für schlauer als die Autorin gehalten und es leicht abgewandelt hatte (ich hatte die Zwiebel, anstatt sie nur zu halbieren, fein gewürfelt, und das Ergebnis war mäßig). Doch wer den Anweisungen genau folgt, wer Dosentomaten, zwei Zwiebelhälften und viel Butter in einen Topf gibt und alles zum Köcheln bringt und dann, hin und wieder umrührend, darauf wartet, dass das Fett sich absetzt und anzeigt, dass die Soße fertig ist, wird mit dem besten Tomatensugo der Welt belohnt, einer Soße, die nach nichts anderem als Frucht schmeckt und doch so sehr schmeichelt, dass ich schon penibelste Feinschmecker dabei erwischt habe, wie sie sie pur aus dem Topf löffelten. Es ist fast magisch, dass so etwas aus wenig mehr als Zwiebeln, Zeit und Zurückhaltung (und ein paar Tomaten) entstehen kann.

Woher stammt überhaupt der innere Drang, immerfort seine Kreativität zu beweisen? In anderen Zeiten gab es diesen Zwang noch nicht, wie die Kunstgeschichte zeigt, die voll von Bildern ist, bei denen niemand sagen kann, ob sie von einem Malerstar selbst oder von einem seiner Schüler gemalt wurden – lange war es völlig in Ordnung, seine Idole einfach zu imitieren, anstatt zu versuchen, sie zu überbieten. Erst die Renaissance und ihr Geniekult führten dazu, dass Künstler anfingen, ihre Bilder zu signieren – vorher hielt man es schlicht für unnötig, ihnen einen Individualitätsnachweis zu geben. Niemals wären Maler wie Arent de Gelder oder Carel Fabritius auf den Gedanken gekommen, sich um einen vollkommen anderen Stil zu bemühen als ihr Meister Rembrandt van Rijn. Niemals hätte Correggio versucht, sich von Raffael zu unterscheiden. Und noch Rubens wäre im Leben nicht der Überzeugung aufgesessen, dass die Maler, die in seiner Werkstatt angestellt waren, seine Bilder nicht genauso gut malen konnten wie er selbst – und so ließ er sich von ihnen meist nur das Ergebnis zeigen, verbesserte ein paar Details und setzte die Glanzlichter in den Augen.

In Japan hat man heute noch eine ganz andere Vorstellung von Meisterschaft als hier. Jemand, der dort etwas lernt – Sushi oder Tee zubereiten, Blumen stecken oder malen –, ist dazu verpflichtet, sich zunächst streng den von Generation zu Generation weitergegebenen Traditionen zu unterwerfen. Der Meister gibt ein Beispiel, der Schüler ahmt es nach, wieder und wieder und wieder, oft viele Jahre lang. Nicht die geringste Freiheit wird ihm gestattet, ja: »Die persönliche Freiheit eines selbstschöpferischen Wirkens wird sogar verneint«, so schreibt es der Japanologe Horst Hammitzsch in *Zen in der Kunst des Tee-Wegs*. Umgekehrt sucht auch der Meister im Schüler nichts, keine Begabung, kein Genie; er erzieht den Schüler nur dazu, »das rein Handwerkliche der jeweiligen Kunst vollkommen zu beherrschen«.

Welche Auswüchse diese unerbittliche Ausbildung annehmen kann, wird sehr anschaulich in dem Dokumentarfilm *Jiro und das beste Sushi der Welt* erzählt, der von einem winzigen Sushilokal in einem neonröhrenbeschienenen Untergeschoss der Tokioter Metro handelt, in dem es im Prinzip nichts anderes gibt als in jedem anderen Sushilokal auch, Fisch auf Reis nämlich, und das doch mit drei Michelin-Sternen ausgezeichnet ist. Küchenchef und Inhaber Jiro Ono ist zum Zeitpunkt der Dreharbeiten 85 Jahre alt, hat in seinem ganzen Leben noch keinen Tag Urlaub genommen und bemüht sich jeden Tag, sein Sushi zu perfektionieren – und das nicht durch immer gewagtere Kreationen, sondern nur, indem er das, was er ohnehin schon macht, verbessert, zum Beispiel, wenn er den Oktopus 45 Minuten statt 30 Minuten lang massiert. Einer seiner Mitarbeiter erzählt in dem Film, wie er zu Beginn seiner Ausbildung bei Jiro Ono erst lernen musste, die warmen, feuchten Handtücher auszuwringen, die die Gäste vor dem Essen bekommen. Wie er dann üben musste, den Fisch richtig zu *halten*, ehe er sich daranmachen durfte, ihn auch zu schneiden – was er wiederum mehrere Jahre lang durchexerzieren musste. Und wie er sich nach zehn Jahren endlich daran versuchen durfte, das Omelette für Eiersushi zu backen. Monatelang probierte er es, jeden Tag aufs Neue, und monatelang ließ Jiro das Resultat in den Müll wandern. Erst nach zweihundert Omeletts war der Meister zufrieden – und der Lehrling fing an zu weinen vor Glück. »Ich mache dieselbe Sache immer und immer wieder«, sagt Jiro über sein Sushi. »Und jedes Mal wird es ein bisschen besser.«

Wer es gewohnt ist, in der Küche herumzuwirbeln, der wird sich an das Tempo beim Kochen eines langsamen Rühreis, einer schlichten Tomatensoße oder eines jeden anderen simplen Gerichts erst einmal gewöhnen müssen. Wer vor allem darauf hofft, mit dem Nachkochen ganz einfacher Rezepte viel Zeit zu sparen, der wird vermutlich enttäuscht sein: Denn eine einfache Küche ist nicht unbedingt eine schnelle Küche. Im Gegenteil, sie verlangt oft Geduld, schon allein weil einige Arbeitsschritte sehr monoton sein können, auch wenn man nicht 45 Minuten lang einen Oktopus massiert. Lassen Sie sich trotzdem nicht in Versuchung führen, die Zubereitung zu beschleunigen, oder schlimmer noch, nebenbei eine Ladung Wäsche durch die Maschine zu jagen oder ein paar Telefonate zu führen. Denn die wirklich guten Dinge brauchen Ruhe und Zeit. Sie entstehen nicht nebenbei – das Ergebnis wird nur halb so gut werden, wenn Sie in Gedanken woanders sind.

Vor allem aber brächten Sie sich damit um ein großes Glück: nämlich um das Staunen, mit dem Sie dem Fleisch dabei zusehen, wie es bräunt, der Suppe, wie sie blubbert, der Soße, die immer konzentrierter wird. Sie brächten sich darum, das Wunder mitzuerleben, wie die Dinge ihren Aggregatzustand verändern – von flüssig zu fest, von roh zu durch, von hart zu weich.

Doch das wirklich Magische ist das, was währenddessen mit uns selbst passiert: Während das Ei stockt, der Teig ruht, der Wein reduziert, lernen wir, zumindest diesen einen Moment lang anzunehmen, dass manche Dinge so sind, wie sie eben sind, dass sie ihre Zeit brauchen, dass wir zwar Feuer machen können, sie sich aber selbst verwandeln müssen. Und damit kommt auch etwas in uns selbst zur Ruhe: Der Alltagsstress fällt von uns ab, eine Genügsamkeit macht sich breit. Irgendwann werden wir wieder zurück in die Hektik des Alltags müssen, werden wir wieder beschleunigen, abkürzen, verbessern, optimieren, doch jetzt, in diesem Augenblick, sind wir bei uns, ist das, was wir tun, gut genug und die Welt so, wie sie ist.

Tag 7: Die Nachbarn kennenlernen

»Ich kenne hundert Leute, die sind in der halben Welt gewesen und haben nie mit einem Vergrößerungsglas eine Blume, einen Stein angesehen. Das würde sie mehr als eine Reise verblüffen und entzücken (…). Sie bewundern einen Orkan im Atlantischen Ozean oder schildern eine Vulkaneruption, aber sie haben niemals morgens beim Waschen aufmerksam das fließende, flüssige, herrliche Wasser über sich laufen lassen, das aus Röhren in ihr Zimmer gesprudelt kommt (…).«
Alfred Döblin

Nirgends sind die Stunden des späten Nachmittags und frühen Abends schöner als im Wohnzimmer unserer Berliner Wohnung. Ich liebe den Moment, wenn die bereits tief stehende Sonne durch die Baumkronen der Platanen am Straßenrand fällt, die Hortensien auf dem Balkon streift und dann ihr rotgoldenes Licht auf den Esstisch wirft, auf dem manchmal vielleicht noch die Malutensilien der Kinder stehen, manchmal mein Laptop und ein Stapel Bücher und manchmal, wenn wir Gäste zum Essen erwarten, auch schon das verschnörkelte Silberbesteck und die guten Weingläser, die im Schein der warmen Strahlen einladend glänzen und blitzen.

Wir hatten unglaubliches Glück mit der Wohnung, die wir bei unserem Umzug nach Berlin ergattert haben. Sie befindet sich in einem Altbau aus dem Jahr 1907 und ist mehr als herrschaftlich: mit altem Eichenparkett und fast vier Meter hohen Wänden, mit Stuckdecken und verzierten Messingtürklinken, mit hohen Fenstern und breiten Flügeltüren, die zum Teil noch mit einem hübschen Lilienmuster verglast sind. Ich liebe das Gefühl, durch die Räume zu streifen, die so großzügig sind, dass sich mir dir Brust weitet und ich automatisch einen Zentimeter wachse, weil mir keine niedrige Decke den Kopf auf die Schultern drückt. Aber vor allem bin ich glücklich, weil ich hier, inmitten der grauen, schmutzigen und oft abweisend wirkenden Großstadt Berlin, einen Ort gefunden habe, an dem ich mich aufgehoben und wohlfühle.

Wenn ich auf den schmalen Balkon trete und im Schein der Nachmittagssonne auf die Straße hinabgucke, sehe ich eine Nachbarschaft, die mir in den acht Jahren, die wir hier leben, ans Herz gewachsen ist: die Eisdiele, vor der man zu fast jeder Tageszeit ein strahlendes Kind mit einer großen, mit bunten Streuseln verzierten Eiswaffel sieht. Der kleine Blumenladen, der so etwas wie das Herz der Nachbarschaft ist und in dessen Schaufenster Gestecke stehen, die selbst mich, die ich mir nicht sonderlich viel mache aus Pflanzen, die nicht essbar sind, immer wieder überraschen, berühren und entzücken. Ein Stück weiter der schöne Platz mit seiner Fontäne, bei deren Anblick fast jedem Passanten das Herz aufgeht.

Manchmal sehe ich unten auf der Straße jemanden, den ich kenne, dann rufe ich hinunter und winke ihm zu. Manchmal steht die Nachbarin ebenfalls auf dem Balkon und kümmert sich um ihre Blumen, dann plaudern wir eine Weile. Wenn ich danach wieder reingehe, empfinde ich es besonders stark: dass das hier nicht nur meine Wohnung ist, sondern mein Zuhause.

Heute meinen wir, wenn wir »Haus« sagen, ja meistens ein Gebäude: ein Hochhaus, ein Reihenhaus, ein Niedrigenergiehaus, ein Einfamilienhaus. Wir meinen Dach und Wände und deren Funktionalität. Doch in vormodernen Zeiten verwendete man »Haus« auch für soziale Konstellationen: für eine Deputiertenversammlung (das Ober-, Unter- oder Hohe Haus), für ein Theaterpublikum und für eine Familie natürlich (House of Stuart, das Haus Sachsen-Coburg und Gotha, das Haus Lennister von Casterlystein). Auch heute noch hat es weniger etwas mit lichter Raumhöhe, Quadratmeterzahl und Stuckornamentik zu tun, wenn wir uns irgendwo zu Hause fühlen. Sondern vor allem mit den Menschen, die mit uns leben. Wer Heimweh hat, hat selten Sehnsucht nach einem Türgriff. Sondern nach einem Ort, an dem er sich richtig und zu dem er sich zugehörig fühlt.

Altbauten sind hellhörig. Über Trittschallschutz hat man sich Anfang des 20. Jahrhunderts keine Gedanken gemacht, vermutlich auch, weil man damals seine Parkettböden noch nicht nackt ließ, sondern mit Teppichen schützte. Wenn die drei Mädchen in der Wohnung über uns um die Wette laufen, dann klirren bei uns die Deckenleuchten. Das Trompetenspiel von Frau M. im vierten Stock höre ich mehr als deutlich, und niemals werde ich das akustische Erlebnis vergessen, als die Nachbarin aus der Wohnung unter uns (mutmaßlich) mit der Backe auf der Fernbedienung vor den »Tagesthemen« eingeschlafen ist und auch nicht aufwachte, als der Ton die volle Lautstärke erreicht hatte. Wer durch unser Treppenhaus läuft, wird Zeuge von Gelächter und leidenschaftlichen Diskussionen. Er kann jedes Wort verstehen, wenn B., der Fotograf aus dem ersten Stock, am Telefon sein nächstes Projekt mit einer Dorfschule in Indonesien oder einem Museum in Kambodscha bespricht. Er hört Streits und die neuesten Hip-Hop-Alben und ungeschickte Klavieretüden.

Doch anders als in den Häusern, in denen ich vorher gewohnt habe, stört mich der Krach in unserem Haus nicht. Im Gegenteil: Die Geräuschkulisse aus Stimmen und Schritten und rauschenden Abflussrohren ist wirklich – eine Kulisse. Sie ist der Hintergrund meines Lebens, eine Art akustisches Interieur, das Wasser, in dem ich schwimme. Er stört mich nicht, weil sich in unserem Haus tatsächlich eine Gemeinschaft gebildet hat, weil die Nachbarn nicht aneinander vorbei –, sondern miteinander leben.

B. aus dem ersten Stock hat schon mehr als ein Familienfoto von uns gemacht. Die Familie über uns ist erst vor einem Jahr eingezogen, trotzdem haben wir schon mehr als einmal miteinander gefeiert. Auch mit S., die seit ein paar Jahren unter uns wohnt, habe ich schon angestoßen. Mit J. aus der Wohnung nebenan habe ich schon Fußballspiele geguckt und zu Mittag gegessen; ich bringe ihr samstags Parmaschinken aus der kleinen Salumeria mit und gieße während der Sommerferien ihre Blumen, dafür nimmt sie mich manchmal mit dem Auto mit zum Einkaufen. Sie hat mich sogar ins Krankenhaus gefahren, als die Wehen begannen und ich es einem unschuldigen Taxifahrer ersparen wollte, sich mein Gekreische anzuhören.

Wir haben in der Nachbarschaft diverse Wohnungsschlüssel im Umlauf, was sich als praktisch erweist, wenn man sich mal ausgesperrt hat oder den Zestenreißer der urlaubenden Nachbarin braucht oder wenn der Kühlschrank voll ist und man ein Tiramisu kaltstellen will. Und abgesehen davon: Menschen, die man kennt und schätzt, erträgt man viel besser als einen namenlosen Nachbarn, von dem man nicht mehr als die Fußmatte zu Gesicht bekommt und mit dem man höchstens eine Wand teilt.

Eigentlich sind Nachbarn ein Paradox: Sie kommen einem so nah wie kaum jemand sonst, und doch teilt man mit ihnen meist wenig. Diese Kombination kann Nachbarn so nervig machen, dass manche Streiterei um Kleinigkeiten im Gerichtssaal endet. Aber sie hat eben auch ein besonderes Potenzial – durch die Mischung aus Fremdheit und Vertrautheit kann aus ihnen fast so etwas wie Familie entstehen.

Der amerikanische Soziologe Robert Putnam beschreibt Nachbarn als soziales Kapital – und wer soziales Kapital besitze, lebe länger und glücklicher. Das mit dem Glück kann ich bezeugen, und auch für das lange Leben gibt es Belege. Der Politikwissenschaftler Daniel Aldrich etwa hat, als er untersuchte, was Menschen in Katastrophen wie dem Hurrikan Katrina oder dem Tsunami in Japan 2011 schützt, herausgefunden, dass gute Nachbarn tatsächlich lebensrettend sein können. Sie wissen, wo sie nach Verschütteten suchen müssen. Sie warnen und helfen und trösten. »Die beste Katastrophenvorsorge wäre, nicht nur in Deiche zu investieren – sondern in gute Nachbarschaft.«

Doch wie kommt die zustande? Auch ich habe schon in Mietshäusern gewohnt, in denen es keine Hausgemeinschaft gab. In denen man die Namen der Nachbarn nicht kannte, geschweige denn, dass man gewusst hätte, in welcher Küchenschublade ihr Zestenreißer liegt. In denen man lieber die Treppe nahm, als sich mit anderen in den Lift zu quetschen. Sicher haben auch in diesen Häusern nette Menschen gelebt, doch hat sich dort niemand um gute Nachbarschaft bemüht, vielleicht weil niemand auf die Idee gekommen ist, dass so etwas entstehen könnte.

Wenn bei uns ein anderes Klima herrscht, dann liegt das zum einen an unserer Vermieterin, einer älteren Dame mit Hausbesitzerinnenstolz, die sich nach eigener Aussage weigert, zu hohe Mieten zu nehmen, weil ihr die Leute, die sich solche Wucherpreise leisten können, suspekt sind. Sie sucht sich ihre Mieter gut aus – und achtet offenbar nicht ausschließlich auf den Gehaltsnachweis. Sie kümmert sich außerdem sehr darum, das Haus in Ordnung zu halten – unter ihrer Aufsicht gibt es keine zerschlissenen Teppiche, keine abplatzende Farbe und keine defekten Lichtschalter –, sie will, dass sich die Mieter im Haus wohlfühlen. Es gibt ja die berühmte Broken-Windows-Theorie der amerikanischen Politik- und Sozialwissenschaftler James Wilson und George Kelling, die besagt, dass physischer Verfall zu sozialem Verfall führt, dass also zerbrochene Fensterscheiben, Schmierereien und herumliegender Müll in einer Nachbarschaft sich auch auf das Verhalten ihrer Bewohner auswirken. Diese Theorie wurde längst belegt, und mehr noch: Inzwischen weiß man auch, dass nicht nur Unordnung und physische Verwahrlosung Auswirkungen haben, sondern auch die Art und Weise, wie die Nachbarn miteinander umgehen. Der amerikanische Evolutionsbiologe David Sloan Wilson hat zum Beispiel in einer Studie beobachtet, dass Menschen, die in eine Nachbarschaft ziehen, in der sich die Bewohner hilfsbereit verhalten, selbst hilfsbereiter werden. Das kann ich bestätigen: Nachdem sich meine früheren Nachbarn nicht für mich interessierten und ich mich nicht für sie, hat mich der Einzug in unser jetziges Haus zu einer – so hoffe ich zumindest – ziemlich guten Nachbarin gemacht, die mit ihren Nachbarn so freundlich umgeht wie umgekehrt.

Eigentlich tun Städte ihren Bewohnern nicht gut: Wer in einem Ballungsraum wohnt, ist deutlich stärker gefährdet, psychisch krank zu werden, als jemand, der auf dem Land lebt. Die Ursachen dafür sind sicher vielgestaltig, aber Forscher glauben, dass zumindest ein Grund dafür in dem Stress liegt, der durch die Kombination aus sozialer Dichte und sozialer Isolation entsteht, also dadurch, dass wir zu eng aufeinander hocken und doch einsam sind. Eine gute Nachbarschaft, so glauben sie, könnte dabei helfen, gesund zu bleiben. Aber dafür bräuchte es eine Stadt, in der es genügend Raum für Begegnung gibt, und eine Architektur, die Gelegenheit dafür bietet. Diese »Zwischenräume«, wie Dietrich Fink, Professor für Städtische Architektur an der Technischen Universität München, sie 2016 in der *Zeit* nannte, sind das Wertvollste – ob in einem Haus, einer Straße oder einem Viertel. Denn: »Sie vermitteln zwischen privater und öffentlicher Sphäre, und sie schaffen die Gelegenheit für Begegnungen, und zwar für zufällige, freiwillige.« Noch immer gibt es viele Häuser, in denen es überhaupt nicht möglich ist, ins Gespräch zu kommen: Die Treppenhäuser und Gemeinschaftsbereiche sind so eng, dass man gar nicht anders kann, als sich schnellstmöglich aneinander vorbeizudrücken. Das Schwätzchen auf dem Treppenabsatz ist hier nicht vorgesehen. Auch in vermüllten Hinterhöfen und Eingangsbereichen, in denen seit Jahren das Licht defekt ist, bleibt man nicht gern stehen, um einem Nachbarn einen schönen Tag zu wünschen.

Doch ich bin davon überzeugt, dass es auch unter nicht idealen Umständen möglich ist, in Kontakt zu kommen. Man kann das Klima in einem Haus oder einer Straße verändern – wenn man es nur will.

Klar, ein einzelner freier Tag genügt dafür nicht. Aber um einen Anfang zu machen, reicht ein Urlaub daheim allemal. Wann sonst ist man schon so viel zu Hause, dass man die Chance hat, den Nachbarn regelmäßig im Treppenhaus zu begegnen? Also, nutzen Sie es doch einfach aus, dass Sie ausnahmsweise einmal nicht in Eile sind. Ein Lächeln im Flur kostet schließlich nichts. Genauso wie ein Kompliment, ein Kommentar zum Wetter oder jemandem eine Einkaufstasche hochzutragen. Und mehr braucht es ja meist nicht! Sie sind gerade auf dem Weg zum Bäcker und begegnen der älteren Dame aus dem dritten Stock? Bieten Sie an, ihr etwas mitzubringen! Leihen Sie sich ein fehlendes Ei, statt kurz vor Ladenschluss noch einmal loszuhetzen. Klar, es kostet Überwindung, aus dem Schatten der Anonymität ins grelle Licht zu treten – aber wer schwimmen will, muss auch ins Wasser springen. Und wer weiß, vielleicht ergibt sich ja allein daraus demnächst schon ein erster Plausch im Treppenhaus. Man muss sich dabei nicht einmal sonderlich sympathisch sein, man will ja schließlich nicht zusammen in die Flitterwochen fliegen. Eigentlich geht es nur darum, zu einer möglichst guten Koexistenz zu finden.

Stimmt schon: Manche Nachbarn haben kein Interesse an Kontakt. Auch in unserem Haus gibt es Mieter, denen man im Treppenhaus nur kurz zunickt und die dann ihrer Wege gehen. Auch in Ordnung! Es geht ja nicht darum, die »Lindenstraße« nachzuspielen oder auf jeder Etage drei Freunde fürs Leben zu finden. Aber ganz ohne jede Interaktion? Möchte ich nicht mehr leben.

Menschen ziehen heute oft völlig selbstverständlich um: zwischen Städten und Kontinenten, zum Studium oder weil der Job es nötig macht, weil sie sich verlieben oder weil sie sich das Leben in der einen Stadt nicht mehr leisten können und die Mieten irgendwo anders billiger sind. Angeblich gibt es Menschen, die diesen hochmobilen Lebensstil, den der Kapitalismus uns abverlangt, zur Tugend gemacht haben. Zumindest kann man manchmal in Zeitungen von ihnen lesen: von jenen modernen Nomaden, die im Postmaterialismus aufgehen, die es erstrebenswert finden, keinen Besitz zu haben und sich nur noch eine Festplatte und ein paar Pappmöbel unter den Arm klemmen müssen, um ihren Wohnort zu verlassen. Menschen, denen es nichts ausmacht, heute in Berlin zu leben und morgen in Tel Aviv, die sich vielleicht eher in den sozialen Netzwerken zu Hause fühlen als in einer zufällig zusammengewürfelten

Nachbarschaft und die es gerade gut finden, nirgendwo verwurzelt zu sein, sondern jederzeit die Zelte abbrechen und einen neuen Platz auf der Welt finden zu können.

Einerseits ist mir diese Haltung zum Leben sympathisch. Besitz belastet ja tatsächlich – wer hat noch nie geflucht über all den Kram, der die Schubladen und Schränke seiner Wohnung füllt. Aber manchmal, wenn ich auf dem Balkon sitze, diesem wunderbaren Zwischenraum zwischen drinnen und draußen, zwischen privat und öffentlich, und mir eine Nachbarin zuwinkt, finde ich die Vorstellung sonderbar, einfach so fortzugehen und woanders neu zu beginnen. Ich glaube daran, dass uns das Netz winziger zwischenmenschlicher Interaktionen im Alltag Stabilität verleiht. Und ich glaube, dass man sich nur dann an einem Ort zu Hause fühlen kann, wenn man sich mit ihm verwebt – durch Gesten, Blicke und Routinen, durch ein Winken vom Balkon oder indem man jemandem mal schnell mit dem Einkauf hilft.

Tag 8: Im Hotel übernachten

»Roomservice wird mit U und H geschrieben.«
Udo Lindenberg

Manchmal jedoch braucht auch der geneigteste Daheimbleiber einen Tapetenwechsel. Hin und wieder muss das einfach sein: dass man an einem anderen Ort aufwacht und etwas anderes sieht als die eigenen vier Wände, als die allzu vertraute Ausstattung des eigenen Lebens.

So sei es! Nehmen Sie die U-Bahn oder das Fahrrad und checken Sie in ein schönes Hotel in der Nachbarschaft ein. Oder in eines in einem anderen Teil der Stadt. Oder an der Endstation der Buslinie, die sie sonst zum Büro nehmen. Spazieren Sie wunderbar ausgeruht in die Lobby und antworten Sie auf die Frage der Rezeptionistin, wie Ihre Anreise war, wahrheitsgemäß: herrlich! Leisten Sie Ihre Unterschriften und lassen Sie sich die kleine Reisetasche auf ein Zimmer bringen, in dem jedes Detail stimmt und funktioniert: die sanitären Einrichtungen, die versteckte Klimaanlage, das ausgefuchste Beleuchtungssystem. Inspizieren Sie alles ganz genau, gucken Sie in alle Schubladen und Schränke, streifen Sie dann die Schuhe ab, um sich aufs Bett plumpsen zu lassen und an die Decke zu schauen. Lauschen Sie der Stille hinter dem aus der Ferne ins Zimmer dringenden Verkehrslärm der Stadt, die Sie soeben verlassen haben – um ihr wieder neu zu begegnen.

Ich persönlich liebe Hotels. Nicht unbedingt die, in die ich mich einbuche, wenn ich auf Reisen gehe – da bin ich doch eher pragmatisch und zahle nicht mehr, als ich in der Kürze der Zeit, die ich auf dem Zimmer verbringe, auch wirklich genießen kann. Trotzdem habe ich etwas übrig für den Luxus von feinen Hotels, in denen sich fast alles darum zu drehen scheint, dem Gast, also mir, einen möglichst himmlischen Aufenthalt zu bereiten. Keine Theateraufführung der Welt ringt mir so viel Respekt ab wie die perfekte Inszenierung, die in manchen Häusern im Übernachtungspreis inbegriffen ist: die freundlichen Mitarbeiter, die einen so behandeln, als sei man eine sehr, sehr wichtige Persönlichkeit. Die Teppiche, auf denen man lautlos und beinahe unsichtbar auf sein Zimmer schwebt. Die beleuchteten Kleiderschränke, die flauschigen Frotteemäntel, die funkelnden Regenduschen und die blütenweißen Badvorleger. Die teuren Pflegeprodukte und das bereitliegende Briefpapier. Hat sich das ausgebeulte Portemonnaie jemals so wertvoll angefühlt wie in dem Moment, in dem man es in einen Hotelsafe schließt? Hat sich jemals jemand nach einem Whirlpool gesehnt, wenn er in einer Hotel-Badewanne liegen konnte?

Und dann natürlich: der Abendservice, Gipfel dessen, was man im Leben erreichen kann. Während man irgendwo beim Essen sitzt, putzt eine unsichtbare Fee ein weiteres Mal das Bad, sortiert das Chaos neben dem Waschbecken, zieht die Vorhänge zu und deckt das Bett auf, platziert die Hotelpantoffeln auf den eigens ausgerollten Bettvorleger, bereitet einen beruhigenden Kräutertee vor, deponiert eine Flasche Wasser und eine Kleinigkeit zum Naschen auf dem Nachttisch. Selbst wenn ich nichts von alledem jemals in Anspruch nehme, fühlt es sich so an, als würde mir dieser rührend bemühte Service doch irgendwie, ja, *gebühren*. Als sei ich gar nicht ich, sondern jemand, der tatsächlich handschriftliche Briefe auf Hotelbriefpapier verfasst oder vor dem Zubettgehen noch einen beruhigenden Kräutertee aus einer filigranen Porzellantasse trinkt. Es funktioniert wie bei einem Rollenspiel: Man kommt sich vor wie ein besserer, gepflegterer, distinguierterer Mensch – nicht, weil man sich ein teures Hotel geleistet hat, sondern weil man wie ein besserer Mensch behandelt wird. Alles, was in der Lage ist, einen an die eigene Unvollkommenheit und Sterblichkeit zu erinnern, wird heimlich und geräuschlos zum Verschwinden gebracht. Und siehe da, schon hat man sich in ein Wesen verwandelt, das nicht krümelt, haart und Flecken macht, das keine Handtücher herumliegen lässt und kein schmutziges Geschirr, in jemanden, der keinen Ramsch anhäuft und sein Leben so sehr unter Kontrolle hat, dass sogar die Cremetübchen in perfekter Ordnung auf dem Waschtisch liegen. Im Hotel zu leben, das ist fast so, als könnte man seine Existenz jeden Morgen auf die Werkseinstellung zurücksetzen. Wozu nach Japan reisen oder nach Südamerika, wenn man sich selbst so weit entkommen kann wie hier?

Das Allertollste an solch einem Kurzurlaub vor der eigenen Haustür ist jedoch, dass er auch den eigenen Wohnort in ein ganz neues Licht rückt. Man wacht morgens auf, lässt sich die Zeitung und das Frühstück bringen (Regel: niemals unten mit den Touris am Frühstücksbüffet drängeln, sonst ist der ganze schöne Effekt dahin), schwebt durch die Lobby auf die Straße – und befindet sich plötzlich in einem Viertel, in dem man sich sonst nie aufhält und das man ganz neu für sich entdecken kann. Oder man hat sich für ein Hotel ganz in der Nähe des eigenen Zuhauses entschieden, dann verändern sich mit einem Mal die vertrauten Wege, man läuft in eine ungewohnte Richtung und guckt Dinge an, denen man sonst keine Beachtung schenken würde. Es ist fast so, als würde man einen anderen Eingang in die Stadt nehmen und eine Parallelwelt betreten, die aufregend und noch gänzlich unbekannt ist.

Tag 9: In den Himmel gucken

*»Das Suchen nach Formen in den Wolken ist das perfekte Gegengift
zum modernen Leben. Vor allem, weil es total nutzlos ist:
Es bringt absolut gar nichts.«*
Gavin Pretor-Pinney, Gründer der Cloud Appreciation Society

Jeder, der mal einen Meditationskurs besucht hat, kennt diesen Rat: Man solle, während man sich auf seinen Atem konzentriert oder sein Mantra spricht, die Gedanken, die einem währenddessen immer wieder kommen, an sich vorbeiziehen lassen – wie Wolken am Himmel. Das klingt so leicht, doch wer schon mal versucht hat, eine halbe Stunde lang still auf einem Meditationskissen zu sitzen und dabei nichts anderes zu tun, als wahrzunehmen, wie kalte Luft durch die Nasenlöcher einströmt und dann feucht und warm wieder ausgeatmet wird, der weiß: Der Geist ist kein blauer Himmel, den nur hie und da mal ein Schäfchenwölkchen trübt. Er gleicht eher schon einer Gewitterfront, aus der es hier kracht und dort blitzt und deren stürmische Winde alles hin- und herwehen. Seine Gedanken weiterziehen zu lassen wie Wolken am Himmel? Das würde man ja gerne, aber meistens merkt man gar nicht, dass man sich in Gedanken verliert. Manchmal dauert es Minuten, bis man gewahr wird, dass man anstatt zu meditieren über ein ärgerliches Telefongespräch nachgedacht hat oder darüber, wo man wohl am schnellsten einen Ersatz-Dichtungsgummi für die Kühlschranktür herkriegt.

Warum also lassen wir nicht einfach gleich die Wolken am Himmel an uns vorüberziehen? Der Effekt ist dem einer erfolgreichen Meditation nicht unähnlich: Es ist nämlich ungeheuer entspannend und zentrierend, sich irgendwo ins Gras zu legen, die Arme hinter dem Kopf zu verschränken und dem Schauspiel zu folgen, das da oben in der Luft stattfindet. Ein bisschen so wie aufs Meer gucken, nur dass der Himmel sich nicht gegen die Brust trommelt und prahlerisch mit den Muskeln spielt. Im Vergleich zum Meer ist der Himmel fast transzendent, reiner, freischwebender Geist – was nicht heißt, dass er keine Kraft in sich birgt.

Eigentlich ist eine Wolke nichts weiter als Wasser: eine Ansammlung winziger Tröpfchen – zehn Milliarden pro Kubikmeter. Ist sie deshalb banal? Natürlich nicht. Selbst Atmosphärenphysiker haben Schwierigkeiten zu definieren, was genau eine Wolke ausmacht, wo sie anfängt und wo ihr Ende ist. Allein das macht es schon zu einer Gratislehrstunde in Sachen Philosophie: Wenn wir uns ins Gras legen und beobachten, wie die weißen Gebilde über uns hinwegziehen, wie sie auseinanderreißen und sich wieder vereinen, sich über- und ineinanderschieben, wie sie jede Veränderung des Sonnenstands in immer neuen Farben reflektieren, wie sie jederzeit willens sind, sich zu zerstörerischen Gewitterwolken aufzubauschen, und genauso bereit, sich in sonniges Nichts auflösen, dann ist das, als würde uns der Himmel etwas über das Leben erzählen – eine Geschichte, die keinen Anfang und kein Ende hat und der jeder tiefere Sinn fehlt.

»Alles, was entsteht, vergeht«, lehrt der Buddhismus, und dass man im Hier und Jetzt leben solle, anstatt ständig abzuschweifen und sich darüber Gedanken zu machen, was in der Vergangenheit war und was die Zukunft bringt. Als Kinder konnten wir das noch: uns ohne uns um irgendetwas zu sorgen im Moment verlieren, in dem, was das Leben in ebendieser Sekunde für uns bereithielt. Alles war gleich viel wert: eine Feder, eine Brotkrume, ein abgebrochenes Plastikteilchen, ein von Erwachsenen entwickeltes Spielzeug, eine Klopapierhülse, eine Kugelschreiberfeder. Nie war ausgemacht, was spannender und begehrenswerter erscheinen würde.

Damals konnten wir auch noch minuten- oder sogar stundenlang in den Himmel gucken und Wolkentieren dabei zusehen, wie sie über himmelblaue Weiden ziehen. Doch dann wurden wir erwachsen und hörten auf, absichtslos im Gras herumzuliegen. So, wie wir aufgehört haben, *irgendetwas* ohne Hintergedanken zu tun. Wenn wir nicht gerade einem besonders dramatischen Sonnenuntergang beiwohnen, ist der Himmel für uns nichts anderes als eine analoge Wetter-App, die wir auch ohne WLAN checken können, um zu erfahren, ob es gleich Regen gibt und wir einen Schirm einstecken müssen.

Dabei müssten wir nicht einmal Grasflecken in unserer guten Sommerhose riskieren, um in den Himmel zu blicken. Stehen bleiben und nach oben gucken genügt. Schon die Haltung, die man dabei einnimmt, hat heilende Wirkung. Wer viel sitzt, tut das ja meist in der gebeugten Haltung der Alten und Deprimierten (und der Smartphonedauernutzer mit diagnostiziertem *iHunch*, dem früher nur bei Damen über siebzig verbreiteten »Witwenhöcker«). Wer hingegen den Kopf in den Nacken legt, verändert nicht nur seine Perspektive, sondern dehnt auch die Körpervorderseite: Die Brustwirbelsäule wird nach hinten gestreckt, die Rückenmuskulatur gestärkt, der Brustkorb wie der ganze Lungen- und Herzbereich weiten sich. Im Yoga geht man davon aus, dass sich durch regelmäßige Dehnung der Atemhilfsmuskulatur die Sauerstoffversorgung des Körpers verbessert, was energetisierend und verjüngend wirkt. Darüber hinaus soll die Thymusdrüse stimuliert werden, jenes kleine, hinter dem Brustbein sitzende Organ, das für die Steuerung unserer Abwehrkräfte zuständig ist. Rückbeugen sollen es sogar leichter machen, durch emotional schwierige Zeiten zu gehen: Da sich durch das Öffnen des Brustraums der Atem vertieft, gewinnen wir neue Kraft, und es fällt uns leichter, loszulassen. Im Yoga nennt man Rückbeugen deshalb auch »Herzöffner«.

Doch an solche Wirkungen muss man gar nicht glauben, um vom Blick in den Himmel zu profitieren. Man muss, während man nach oben schaut, auch nicht über den buddhistischen Kreislauf von Werden und Vergehen nachdenken. Das Gucken allein hat eine heilsame Wirkung, die von dem amerikanische Forscherpaar Rachel und Steven Kaplan in ihrer Attention-Restoration-Theorie beschrieben wurde. Sie besagt, dass wir im Alltag unsere Aufmerksamkeit ständig auf etwas Bestimmtes richten – auf eine Mail, eine Aufgabe, ein Problem –, was unweigerlich dazu führt, dass unsere Konzentration erlahmt wie ein Muskel, der zu stark beansprucht wird, und wir mental ermüden. Diese Erschöpfung senkt unsere Problemlösungsfähigkeit, brennt uns aus und macht uns aggressiv. Doch können wir unsere Aufmerksamkeitsreserven regenerieren, indem wir uns einmal nicht fokussieren, sondern den Blick mühe- und absichtslos schweifen lassen, am besten durch eine Umwelt, zu der wir eine emotionale Distanz haben, die wir aber dennoch faszinierend finden. Und wo können wir moderne Stadtmenschen eine solche natürliche Umwelt noch finden? Die Welt um uns herum ist gezähmt und geometrisch gegliedert. Doch wer den Blick hebt, hat quasi Wildnis pur (plus ein paar Kondensstreifen), deren Anblick fast automatisch erholend wirkt – und das, ohne dass man dafür wegfahren müsste, obendrein auch noch umsonst und sofort für jedermann verfügbar.

Tag 10: Sich auf die Spur der Vergangenheit begeben

> *»Die Geschichte ist die beste Lehrerin mit den unaufmerksamsten Schülern.«*
> Indira Gandhi

Es gibt wohl kaum einen weit gereisteren Menschen als meine Mutter. Von den 194 Ländern auf der Welt hat sie bestimmt drei Viertel besichtigt: Sie hat am Great Barrier Reef getaucht und ist in Angkor Wat herumgeklettert, war in Alaska und der Antarktis, in Machu Picchu und auf dem Rangiroa-Atoll, bei den Pyramiden von Gizeh und den Niagarafällen. Sie kennt Afrika wie Australien, Amerika wie Asien und hat mehrere Terabyte Fotodateien von den Touristenattraktionen dieser Welt gespeichert; zeitweilig war sie stolze Besitzerin einer Senatorkarte der Lufthansa, die sonst höchstens Unternehmensberater und Großindustrielle aus dem Portemonnaie blitzen lassen können.

Als mein Mann und ich nach Berlin zogen, dauerte es nicht lange, bis sie uns besuchen kam. Ich erinnere mich noch gut an den Tag. Am Vormittag hatte sie bereits die Büste der Nofretete im Neuen Museum besichtigt, danach trafen wir sie zum Mittagessen im berühmten Restaurant »Borchardt«, was ihr gefiel, weil dort immerhin schon Bill Clinton, George Clooney und Barack Obama zum Essen gewesen waren. Wir tranken ein Glas Riesling und aßen eine Kleinigkeit und unternahmen anschließend einen Spaziergang Unter den Linden entlang bis zum Pariser Platz. Dort machte sie ein paar Schnappschüsse von uns vor dem Brandenburger Tor und lud uns dann ins legendäre Hotel Adlon ein, wo wir teuren Kaffee aus teuren Tassen nippten, das üppige historische Dekor bewunderten und schließlich wieder nach draußen trippelten. Zu guter Letzt fuhren wir mit der U-Bahn zu uns nach Schöneberg, und auf dem Weg von der U-Bahn-Haltestelle zu unserer Wohnung gestand sie dann, dass sie Berlin eigentlich nicht besonders mochte, vor allem, weil es im Prinzip keine Sehenswürdigkeiten gäbe.

Ich widersprach natürlich vehement. Keine Sehenswürdigkeiten? Allein, was unsere Nachbarschaft zu bieten hatte! Am Ende der Straße hatte Erich Kästner gelebt, und *Emil und die Detektive* spielt genau hier in dieser Gegend. Schräg gegenüber unserer Wohnung hatte 1924 Vladimir Nabokov sein Zuhause gehabt. Und am Viktoria-Luise-Platz, über den wir gerade liefen, hatte Billy Wilder in einem billigen Zimmer im dritten Stock zur Untermiete gewohnt. Billy

Wilder! Ich deutete in die Richtung des Hauses, das ich meinte, doch besonders beeindruckt zeigte sie sich nicht.

Und wieso sollte sie auch? Das Haus, das Nabokov beherbergt hatte, war (wahrscheinlich im Nationalsozialismus, vielleicht aber auch erst später) bis auf die Knochen entstuckt worden; im schmucklosen Erdgeschoss warb heute eine Allgemeinarztpraxis für »Grippeschutzimpfung jetzt«. Erich Kästners Prager Platz wurde im Zweiten Weltkrieg dem Erdboden gleichgemacht und zeichnete sich nun nur noch durch ein ödes Einkaufszentrum mit Aldi, DM, Fitnesscenter und Nagelstudio aus. Und an der Stelle des Hauses, in dem Billy Wilder gelebt hatte, stand ein liebloser, rosa gestrichener Nachkriegsbau, an den eine schwere Marmor-Gedenktafel geheftet war wie eine geschmacklose Brosche.

Wer Paris und Rom, New York und Lissabon, Bangkok und Buenos Aires kennt, der *kann* diese Gedenktafeln und kleinen Geschichten, die die Stadt und speziell mein Viertel für mich interessant und lebendig machen, natürlich unmöglich als Sehenswürdigkeiten durchgehen lassen, egal wie sehr es mich beglückt, dass es sie gibt.

Ein paar Monate später verschlug es mich erneut an den Pariser Platz. Diesmal besuchte ich die Akademie der Künste, von deren Terrasse im Obergeschoss aus man einen fantastischen Blick auf das nächtlich beleuchtete Wahrzeichen hatte. Wieder stand ich da und betrachtete, diesmal von hoch oben, das reich geschmückte Friedenstor, das zu so etwas wie einem nationalen Symbol geworden ist. Und was empfand ich? Um ehrlich zu sein: nicht viel. Ich wusste, dass massenhaft Geschichte mit dem Bauwerk verbunden war: das Ende der Herrschaft Napoleons, die Verfassung der Weimarer Republik, die Trennung Berlins und die deutsche Wiedervereinigung. Es war das letzte erhaltene Stadttor Berlins, ein prächtiges Stück Frühklassizismus, und die Quadriga, ein Hauptwerk Johann Gottfried Schadows, war natürlich berühmt. Aber was war es abgesehen von seiner Geschichte? Was sahen die Touristen, die für viel Geld im Hotel Adlon ein Zimmer mit Torblick mieteten? Was nahmen sie mit, wenn sie in einem der Souvenirgeschäfte der Nachbarschaft das Brandenburger Tor als Sandförmchen, Schneekugel oder Plastiknachguss erwarben?

Ich, die ich da auf dieser Terrasse stand, empfand das Brandenburger Tor als ein Stück Staffage. Als Staffage war es ja schon gebaut worden: Schließlich richtet sich seine Vorderseite zum Stadtzentrum hin – es hieß somit nicht die willkommen, die in Berlin ankamen, sondern bildete stattdessen einen hübschen Rahmen, wenn der König in die Stadt einfuhr und sich von der Bevölkerung bejubeln ließ. Eigentlich wollte man es dem Eingang der Akropolis, den Propyläen, nachempfinden, aber dann hatte man seine Proportionen doch lieber so gestreckt, dass es den schönen Blick zum Tiergarten hin nicht verdeckte. Und auch heute noch war es vor allem Kulisse – für Nazifilme und Berlin-»Tatorte«, für Demos und politische Ansprachen und Hunderttausende Selfies.

Mir wurde klar, dass ich deutlich mehr empfand, wenn ich vor der Billy-Wilder-Gedenkplakette stand und mir die Szene vorstellte, die Hellmuth Karasek in seiner Biografie des Regisseurs beschrieb, nämlich wie eines Nachts der

Direktor der Maxim-Film in Wilders Zimmer platzte, in Unterhosen, geflohen aus dem Schlafzimmer der Nachbarin, was schließlich dazu führte, dass der kompromittierte Mann sich gezwungen sah, Wilders erstes Drehbuch zu kaufen. Oder wenn ich bei dem Bioladen in meiner Straße haltmachte, um Milch, Brot und ein bisschen Obst zu kaufen, und daran erinnert wurde, dass sich in den Räumen einmal das legendäre Travestielokal »Eldorado« befunden hatte, das schon von Klaus Mann und Christopher Isherwood beschrieben wurde und in dem sich Einheimische und Touristen, Homos und Heteros trafen, bis die Nationalsozialisten an die Macht kamen und der Wirt sich gezwungen sah, das Lokal der Berliner SA zu übergeben. Später wurden Zehntausende Männer von der Gestapo in Haft genommen, wegen ihrer Sexualität verurteilt, fünf- bis sechstausend wurden im Konzentrationslager getötet. Für diese Geschichten gab es kein steinernes Zeugnis, nur eine unauffällige Gedenktafel am U-Bahnhof Nollendorfplatz, die eigentlich das Gegenteil einer Sehenswürdigkeit war: ein Hinweis auf etwas, das verschwunden, also *nicht* zu sehen war.

Friedrich Nietzsche stellte 1873 in seinem Aufsatz *Vom Nutzen und Nachteil der Historie für das Leben* fest, dass uns »Belehrung ohne Belebung«, also die reine Ansammlung von historischen Fakten, »verhaßt« sein müsse. »Gewiß, wir brauchen die Historie, aber wir brauchen sie anders, als sie der verwöhnte Müßiggänger im Garten des Wissens braucht (...). Wir brauchen sie zum Leben und zur Tat.« Nietzsche war der Überzeugung, dass das quasi-wissenschaftliche Sammeln von Fakten als Tätigkeit eher unfruchtbar sei. Die eigentliche Aufgabe für den Menschen bestehe darin, vor allem jene Art von Wissen anzuhäufen, die in der Lage ist, das eigene Leben und Handeln zu bereichern.

Man könnte das, was Nietzsche sagte, auch ummünzen: Das Abklappern von Sehenswürdigkeiten und das Ansammeln von Fotos auf der Speicherkarte einer Digitalkamera hätten demnach nur dann einen Wert, wenn wir das Gesehene mit unserem eigenen Leben in Verbindung brächten. Wenn die Betrachtung des »vergangenen Großen« uns beseelte und inspirierte und uns verstehen ließe, dass unser Heute von der Vergangenheit geprägt ist und wir Teil eines Ganzen sind. »Erst durch die Kraft, das Vergangene zum Leben zu gebrauchen und aus dem Geschehenen wieder Geschichte zu machen, wird der Mensch zum Menschen«, schreibt Nietzsche.

Doch brauchen wir, um diese Erfahrung zu machen, Touristenattraktionen wie das Brandenburger Tor, die mit geschwollener Brust darum buhlen, von möglichst vielen Menschen bestaunt zu werden? Können nicht auch ein paar Geschichten und Gedenktafeln diesen Zweck erfüllen? Und findet man die nicht schon im eigenen Wohnort, gleich nebenan?

Der Gedanke hörte nicht auf, mich zu beschäftigen, und ich begann, mich in die Geschichte und Geschichten meiner kleinen Welt zu vertiefen. Und ich kann wirklich nur jedem ans Herz legen, einen Urlaubstag oder auch mehr dazu zu nutzen, nach all den kleinen Lektionen Ausschau zu halten, die die eigene Nachbarschaft bereithält. Besuchen Sie Stadtführungen! Kaufen Sie Bücher! Gehen Sie ins Antiquariat und schauen Sie Postkartensammlungen durch, loggen Sie sich zu diesem Zweck meinetwegen ins Internet ein! Der Blick in eine Welt, die vergangen scheint, ist wirklich seltsam beglückend. Und wer weiß, vielleicht hält sie so manche Einsicht für Sie bereit?

Na gut. Vieles von dem, was ich erfuhr, waren Fun Facts. Wie die Tatsache, dass die Berliner Feuerwehren am Anfang des 20. Jahrhunderts akkubetriebene Elektrofahrzeuge eingesetzt hatten, weil Verbrennungsmotoren noch nicht zuverlässig genug waren. (Welch historische Chance damals verpasst wurde!)

Doch es gab auch Episoden, die mich tatsächlich etwas lehrten: dass nichts sicher ist zum Beispiel. Als ich die Bilder vom Beginn des 20. Jahrhunderts sah, auf denen modisch und elegant gekleidete Männer und Frauen in schicken, liebevoll errichteten Neubauvierteln herumspazierten und sich ganz offenbar wohl und sicher fühlten, musste ich unmittelbar an mich selbst denken, die ich ganz genauso sorglos durch die Nachbarschaft lief. Ich musste daran denken, wie schnell es gehen konnte, dass widrige politische Kräfte an die Macht kamen und nichts mehr sicher war. Wie viele Menschen allein aus meinem Kiez von den Nationalsozialisten vertrieben, deportiert und ermordet worden waren! Mehr als 10 000 Juden hatten in Schöneberg gelebt, hatten hier ihre Geschäfte gehabt und in den Cafés und Restaurants gesessen, die es zum Teil heute noch gibt, während man sich die Existenz anderer nicht einmal mehr mit viel Fantasie vorstellen kann, weil die Straßenzüge, in denen sie sich befanden, dem Erdboden gleichgemacht wurden. Mein Viertel ist voll von solchen

Wunden, die der Krieg geschlagen hat und die von dem hässlichen Narbengewebe der Nachkriegszeit überzogen sind – Neubauten, über die ich vorher nicht nachgedacht hatte und die ich nun mit Schmerzen betrachtete, tatsächlich als Narben: das graue, bröckelige, graffitibesprühte Mietshaus an der nächsten Ecke etwa, an dessen Stelle am Anfang des 20. Jahrhunderts eine bedeutende, international bekannte Schule für Kunst- und Kunsthandwerk stand, an deren Existenz sich heute niemand mehr erinnert. Der »Sozialpalast«, ein, sagen wir: kostenoptimiert erbauter, gigantischer Wohnkomplex aus den 1970er-Jahren, für den Sozialarbeiter engagiert werden mussten, um das Leben sicherer zu machen. Er war auf den Ruinen des einstigen Schöneberger Sportpalastes errichtet worden, in dem Goebbels 1943 den »totalen Krieg« ausrief und der vorher den größten Eispalast der Welt beherbergt hatte, mit mehreren Bahnen, einer mit 500 000 Glühbirnen verzierten Decke und einer Empore, auf der bis zu 6000 Herrschaften zwischen Palmen und an gestärkten Tischtüchern dinieren konnten – bis wenige Monate nach Goebbels' Rede infolge mehrerer Bombentreffer die ganze Pracht in Flammen aufging.

Es gibt keine Gewissheiten, das hat mir meine Nachbarschaft erst wirklich begreiflich gemacht. Doch sie hat mich noch etwas anderes gelehrt: nämlich dass der Mensch beeindruckende Kräfte mobilisieren kann – wenn er nur will und wenn er von einer Sache überzeugt ist. Denn mein Viertel ist längst nicht nur vom Krieg gezeichnet, sondern auch von einem unglaublichen Fortschrittsglauben, von einem Willen zur Veränderung, der, fast im Wortsinn, Berge versetzen konnte. Aus 1,5 Millionen Kubikmetern Kriegsschutt hatte man den »Insulaner« geschaffen, eine wunderschön hügelige Parkanlage, auf der die Schöneberger heute in der Sonne brutzeln können, wo sie im Freibad planschen und im Winter johlend die Rodelbahn hinabsausen. Die am nahen Kleistpark immer ein bisschen deplatziert wirkenden »Königkolonnaden« hatten ursprünglich am Alexanderplatz gestanden, wo sie dann jedoch einem neuen Wertheim-Kaufhaus Platz machen mussten, weshalb man sie, um ihren endgültigen Abriss zu vermeiden, einfach versetzte. Und dort, wo heute seit über hundert Jahren das berühmte KaDeWe steht, hatte man erst in den 1890er-Jahren noble Wohnhäuser errichtet, die man, als 1905 die Idee für das Kaufhaus entstand, einfach wieder abriss. Es muss eine energische Zeit gewesen sein, als man die Dinge einfach *tat*. Die Konsequenz und Durchsetzungskraft (man könnte auch sagen: Brutalität), mit der der Verkehr in der Stadt möglich gemacht wurde, wie Grünanlagen wegasphaltiert und Häuser abgerissen wurden! Am meisten beeindruckte mich das Foto eines Wohnhauses in der Bülowstraße, durch das Siemens einfach ein riesiges Loch gebohrt hatte, um eine Hochbahntrasse hindurchzuführen – wer sieht, was das Versprechen der Moderne dereinst möglich machte, der fragt sich unweigerlich, warum sich die Politik heute mit manchem Fortschritt so schwertut, sei es mit dem Kitaausbau, dem Kohleausstieg oder einer besseren Infrastruktur für Elektromobilität, die im Wesentlichen aus mehr Steckdosen bestehen würde.

Sind solche »Einsichten« schon jene Art von Wissen, von der Nietzsche sprach? Vermutlich meinte er etwas

Tiefgreifenderes, Grundsätzlicheres. Aber in Wirklichkeit, das lernte ich auch, ist es egal, was man erfährt, wenn man sich langsam in die Geschichte eines Ortes gräbt, an dem man bis dahin einigermaßen ahnungslos vor sich hingelebt hat. Denn der eigentliche Reiz solcher hobbyhistorischen Forschungen liegt nicht unbedingt darin, möglichst fundamentale Erkenntnisse zu gewinnen. Sondern darin, dass man eine ganz andere Welt entdecken kann, obwohl man sich nicht vom Fleck bewegt, sondern nicht mehr tut, als in alten Büchern zu blättern und sich alte Fotos anzusehen.

Wenn wir verreisen, erhoffen wir uns von dem Ortswechsel oft, dass er uns zu einem irgendwie anderen Menschen macht, zu einem entspannteren, leichtfüßigeren oder interessierteren Wesen. Doch es funktioniert auch andersherum: Wir können uns selbst und unseren Blick verändern, und schon im nächsten Moment zeigt uns die Welt, dass sie noch ein anderes Gesicht hat. Vorher langweilige Hausfassaden fangen an zu sprechen, und Straßenkreuzungen, über die der Verkehr braust, erzählen von vergangenen Zeiten. Und mit einem Mal sind wir in der Lage, nicht mehr nur die spiegelnde Oberfläche der Gegenwart zu betrachten, nicht mehr nur auf frischem Asphalt zu gehen, sondern auch auf den Sedimenten darunter. Dann sieht man nicht mehr nur das Sichtbare, man erkennt auch, wie viel man im Alltag bisher *nicht* gesehen hat. Weil die Generationen vor uns es beseitigt haben, weil es vergessen und verdrängt worden ist. Weil es nicht schillert oder ins Konzept passt. Oder weil es nicht solch eine imposante Kulisse wie das Brandenburger Tor abgibt.

Tag 11: Sich nassregnen lassen

> »Durchs Fenster sieht schlechtes Wetter
> immer viel schlimmer aus, als es ist.«
> Tom Lehrer

Der Nachteil an einem Urlaub zu Hause ist: Es kann jederzeit regnen. Aber wissen Sie was? Das macht nichts! Erinnern Sie sich an das Finale der Fußballweltmeisterschaft 2018 zwischen Frankreich und Kroatien? An diesen Moment, als sich während der Siegerehrung plötzlich die Schleusen im Himmel öffneten? Es war verrückt: Da standen zwischen den Hostessen und Honoratioren einige der mächtigsten Menschen der Welt auf dem Platz: die kroatische Präsidentin Kolinda Grabar-Kitarovic, der FIFA-Chef Gianni Infantino, Emmanuel Macron und Vladimir Putin.

Sie lächelten höflich – und im nächsten Moment stürzte das Wasser aus den Wolken. Der Regen machte alle erst nass, dann klatschnass und schließlich nass bis auf die Knochen; er tropfte von Präsidentennasen, perlte über feine Anzugwolle, zerstörte Frisuren und machte gestärkte Hemden durchsichtig. Irgendwann trug jemand einen Schirm herbei, der von einem übereifrigen Bodyguard über dem russischen Präsidenten aufgespannt wurde (statt über der kroatischen Präsidentin, wie es sich vielleicht gehört hätte). Es war auch Putin, der als einziger halbwegs trocken blieb. Doch wer hatte den Spaß? Die, die nass und wie besoffen im Regen feierten, die jubelten und lachten und sich in die Arme fielen, dass es nur so spritzte.

Schlechtes Wetter ist für uns normalerweise der Supergau. Eines der ersten Dinge, die nach der Erfindung der Urlaubsreise auf den Markt kamen, war die Regenwetter-Versicherung, die für jeden Millimeter Niederschlag einen Preisnachlass offerierte. Noch heute ist Regen einer der Hauptgründe, warum manche Menschen sich nicht trauen, ihren Urlaub zu Hause zu verbringen, sondern lieber einen Flug ans Mittelmeer buchen, wo es ihnen dann viel zu heiß ist. Für die meisten Menschen ist ein nieseliges Wochenende ein verlorenes Wochenende, und wer aus einem verregneten Sommerurlaub heimkommt, ist sich des aufrichtigen, tief empfundenen Mitleids seiner Mitmenschen sicher. Wer durch den Regen muss, darf motzen, schimpfen, pöbeln, er darf Regenschirme klauen, sich vor Taxis werfen, Leute schubsen. Nur ein einziges Mal bin ich in meinem Leben einem Menschen begegnet, dessen Miene sich aufhellte, wenn er bemerkte, dass es anfing zu nieseln: meinem Ex-Freund F., der Regen liebte. Sobald er die ersten Tropfen aufs Fensterbrett klopfen hörte, rief er begeistert: »Toll! Es regnet!« Manchmal freute er sich dermaßen, dass er hinaus auf die Straße lief, um sein Gesicht in den immer heftiger werdenden Regen zu halten, während alle um ihn herum versuchten, sich unter dem Unausweichlichen wegzuducken. Ich habe noch ein oder zwei andere Dinge von F. gelernt, aber das war meine wichtigste Lektion: Man kann die Dinge immer (immer!) auch anders sehen.

Ich will nicht abstreiten, dass der Ärger über einen Regenguss etwas Einendes haben kann. So, wie auch Diktaturen etwas Einendes haben oder ein großer Stromausfall oder ein Hochwasser. Es kann Spaß machen, mit genauso unpassend bekleideten Fremden unter einem Vordach darauf zu wetten, wann der Regen nachlässt. Aber andererseits: Wie viel Energie wir darauf verwenden, uns über das Wetter aufzuregen! Wie viel Energie wir überhaupt darauf verwenden, uns über Dinge zu ärgern, die nicht zu ändern sind! Wir ärgern uns über Hitze. Über Kälte. Über Baustellen, Kindergeschrei, die Bahn. Wir ärgern uns über Staus, unpraktische Ampelschaltungen, bummelnde Touristengruppen. Über den untalentierten Posaunenschüler im Nachbarhaus. Über unfreundliche Kassiererinnen und kalt gewordene Lieferdienstpizza. Über den »Tatort« und Internethypes und schwachsinnige Werbung. Über schlechten Kaffee, schlechte Luft, schlechten Weißwein, schlechte Busverbindungen.

Aber warum eigentlich? Es wird gebaut auf der Welt. Es ist manchmal kalt und manchmal heiß. Menschen haben unterschiedliche Talente, sie sind manchmal unglücklich, es gibt traurige und fröhliche und natürlich auch welche, die Arschlöcher sind. Menschen machen Krach, sie geben sich mal zu wenig Mühe und mal zu viel, Pizza wird kalt, Touristen bummeln, und hin und wieder regnet es eben. Wer das kapiert, der kommt definitiv besser durch die sieben oder acht Jahrzehnte, die uns im Durchschnitt beschieden sind.

Wenn es also während Ihres Urlaubs zu Hause regnet, dann lassen Sie sich nicht die Laune verderben. Machen Sie das Beste daraus. Schließlich sind unsere Wohnungen perfekt ausgestattet für lange Regentage – anders als all die unbeheizten Hotelzimmerchen und klammen Ferienhäuschen irgendwo im Süden. Warum nutzen Sie nicht die Gelegenheit und erledigen ein paar von den Dingen, die Sie längst schon in Angriff nehmen wollten? Das klingt nicht nach Urlaub, aber es gibt kaum etwas Befriedigenderes. Gehen Sie Ihren Kalender durch und überlegen Sie sich Geschenke für alle kommenden Geburtstage. Sortieren Sie die Fotos Ihrer letzten Urlaube aus und stellen Sie die besten Fotos endlich in einem Fotobuch zusammen – vielleicht ist damit ja sogar ein Geburtstagsgeschenk erledigt? Backen Sie einen Kuchen und laden Sie Freunde zum Kaffeeklatsch ein. Oder essen Sie ihn ganz allein auf, während Sie Ihren Lieblingsfilm auf DVD anschauen oder endlich den Roman lesen, der schon viel zu lange auf ihrem Nachtkästchen liegt. Auch um etwas häuslichen Ballast abzuwerfen eignet sich ein Regentag perfekt, zum Beispiel, indem man Kleiderschrank, Badezimmerschränkchen oder die Küchenschubladen ausmistet. Fotografieren Sie dann alles und verschenken Sie es über Ebay-Kleinanzeigen oder ein

Nachbarschaftsportal wie nebenan.de. Das Gute: Sie werden nicht nur Ihren alten Krempel los, sondern bekommen einen Überraschungsbesuch nach dem anderen – von Leuten, die sich oft wahnsinnig freuen, so unerwartet an ein hübsches Kleid, einen alten Fleischwolf oder eine Flasche Parfum zu kommen, deren Duft Ihnen nicht gefällt. Manchmal biete ich die Sachen auch zum Tausch an, gegen eine Tafel Schokolade oder eine Kleinigkeit für die Kinder, so haben alle etwas von der Aktion.

Und wenn der Regen nicht aufhören will, auch nicht nach zwei oder drei Tagen? Und Ihnen allen guten Vorsätzen zum Trotz so langsam, aber sicher die Decke auf den Kopf fällt? Wenn in Ihnen ein leises Gefühl von Reue aufsteigt darüber, sich gegen eine Reise in den Süden entschieden zu haben?

Dann gehen Sie raus und bieten Sie dem Mistwetter die Stirn. Machen Sie es wie die Kinder, denen es im Traum nicht einfallen würde, sich von ein bisschen Wasser den Spaß verderben zu lassen. Ziehen Sie Ihre Gummistiefel an und marschieren Sie durch jede der Pfützen, denen sie sonst fluchend ausweichen würden. Wetten? Spätestens an der nächsten Straßenecke fühlen Sie sich wie damals, als Sie mit Wonne dem seltsamen Gefühl nachspürten, das entsteht, wenn man in schlickiges Wasser tritt.

Wer die Erfahrung einmal gemacht hat, dass Regen eigentlich bloß nass macht, der hat definitiv etwas gelernt. Und wer sich dann beim nächsten Regenguss nicht lange ärgert, sondern seinen Schirm einem der unglücklichen Jammerlappen schenkt, die sich nicht unter ihrem Vordach hervortrauen, und stattdessen tropfenden, aber erhobenen

Hauptes losspaziert, der sieht von außen vielleicht bemitleidenswert aus, kann aber innerlich jubilieren. Denn er hat dem Schicksal gezeigt, dass es ihn mal kann. Und zwar kreuzweise.

Tag 12: Mit dem Herzen reisen

>*»Drei Dinge wünsche ich mir, die ich niemals erhalten konnte: Einen Globus. Einen Affen. Einen Regenmantel. Wenn ich in einem englischen Regenmantel, einen Affen aus Gibraltar auf dem Arm, lange Stunden damit zubringen könnte, einen Globus zu drehen und im Traum auf erdichteten Meeren und durch phantastische Länder zu reisen, dann würde ich glauben, das höchste Glück erreicht zu haben.«*
> Pitigrilli

Auch den leidenschaftlichsten Daheimbleiber kann zuweilen die Sehnsucht packen. Die Sehnsucht nach etwas Neuem, nach Abwechslung, nach etwas, das einen von den engen Grenzen seiner selbst befreit. Egal wie intensiv man sich in Müßiggang und Nichtstun geübt hat, egal wie sehr man sich bemüht hat, die Einfachheit des Alltäglichen zu feiern oder das Neue im Vertrauten zu sehen, kann er doch plötzlich auflodern: der Drang zur Veränderung. Die Hoffnung auf Befreiung. Und manchmal kehrt sogar unser alter Freund zurück: das Fernweh.

So ergeht es zumindest Jean Des Floressas des Eisseintes, dem Protagonisten aus Joris-Karl Huysmans 1884 erschienenem Roman *Gegen den Strich*, einem Klassiker der dekadenten Literatur des Fin de Siècle. Des Eisseintes, der letzte Spross eines alten Adelsgeschlechts, hat sich, der Welt da draußen überdrüssig, eigentlich gerade erst in ein abgeschiedenes Landhaus in der Nähe von Paris zurückgezogen, das er nie, nie wieder verlassen will. Er hat dieses neue Zuhause mit seinem beinahe absurd verfeinerten Geschmack als eine Art künstliche Gegenwelt einrichten lassen: in Farben, die ganz auf künstliche Beleuchtung abgestimmt sind (er beschließt eines Tages, nur noch nachts wach zu sein). Mit einem eigenen Trakt für die Dienstboten, denen er nach Möglichkeit nicht begegnen will. Mit einer vergoldeten und edelsteinbesetzten Schildkröte, die keinen anderen Zweck hat, als einen noch etwas zu neu wirkenden Teppich farblich zu kontrastieren. Seine Langeweile bekämpft er mit duftenden Parfums und Likören; er lässt sich ganze Wagenladungen voll Orchideen und fleischfressenden Pflanzen liefern und verbringt seine Tage damit, die verwirrend grausame Kunst an seinen Wänden zu betrachten, in der gemartert, gefoltert und geköpft wird.

Doch trotz all der Dekadenz leidet der Herzog an Albträumen und Halluzinationen und an beklemmenden Erinnerungen. Je länger er in seinem schwelgerischen Reich verweilt, desto appetitloser wird er, desto zittriger, reizbarer, grüblerischer. Dann, eines Morgens, überkommt ihn eine Idee: Er muss nach London! Auf der Stelle! Dort, im drängenden Lärm einer Großstadt, im schonungslosen Gewühle der Welt, wird er seine Nervosität gewiss bezwingen! Er lässt seine Diener hastig packen, schlüpft in seinen am britischsten wirkenden Anzug, greift zu Hut und Wettermantel und lässt sich zum Bahnhof bringen.

In Paris angekommen, hat der Herzog noch etwas Zeit, bis sein Zug nach London geht. Es gießt in Strömen, deshalb winkt er sich eine Kutsche heran und lässt sich durch das im Regen versinkende Paris chauffieren. Beim Blick auf die nassen Straßen fühlt er sich schon fast wie in London, das, so hat er es zumindest gelesen, ebenfalls stets im Nebel liegt. In der Rue de Rivoli kauft er einen dicken Reiseführer, anschließend lässt er sich in ein vor allem von Engländern frequentiertes Wirtshaus, die »Bodega«, bringen. Er bestellt ein Glas Portwein, lässt sich bereitwillig von dem englischen Stimmengewirr einlullen und stellt bald begeistert fest, dass er sich fast wie in einer Szene aus Charles Dickens' *David Copperfield* fühlt.

Als Jean des Eisseintes aus dem Wirtshaus tritt und wieder unter den Arkaden der Rue de Rivoli steht, kommt es ihm vor, als befände er sich in einem düsteren Tunnel unter der Themse. Und weil er immer noch Zeit hat, lässt er sich in ein englisches Restaurant in der Nähe des Bahnhofs kutschieren, in dem er speisen will. Auch dieses Lokal ist vor allem von Engländern bevölkert: von rotwangigen Männern, die mit bedächtiger Miene auswärtige Zeitungen lesen, und von robusten Damen mit männlichen Zügen, die das ihnen servierte Essen mit einem Heißhunger verschlingen, der den Herzog verblüfft und zugleich seltsam erregt. Er, der so lange kaum einen Bissen herunterbekommen hat, verspürt zum ersten Mal seit Jahren wieder Appetit, und er bestellt: eine Ochsenschwanzsuppe, die er mit

Behagen schlürft, Haddock (eine Art Stockfisch) und ein mit Kartoffeln garniertes Roastbeef. Er trinkt dazu zwei Gläser Ale, verlangt hinterher auch noch nach Stiltonkäse und verputzt zum Abschluss eine Rhabarbertorte, die er mit einem Glas Porter herunterspült. Er lässt sich entspannt in seinen Stuhl sinken, zündet sich eine Zigarette an, schlürft eine Tasse Kaffee mit Gin und freut sich über die Wahl seines Anzugs, mit dem er in dem Gewusel des Lokals nicht im Geringsten auffällt.

Sein Zug fällt ihm ein, die Abfahrtszeit naht. Der Herzog weiß, dass er endlich zahlen und aufstehen sollte, doch plötzlich nimmt ihn eine unüberwindliche Trägheit in Besitz. Er muss an die bislang einzige Reise seines Lebens denken, die nach Holland ging, ein Land, von dem er eigentlich erwartet hatte, dass es wie auf den Gemälden sein würde, die er bereits aus dem Louvre kannte – fröhlich, genussfreundlich und gemütlich. Doch was war er enttäuscht worden! Es war ein Ort wie jeder andere!

Mit einem Mal fühlt der Herzog sich wie gelähmt. Konnte das echte London denn besser sein als das von ihm erträumte London? Wäre er nicht wahnsinnig, die herrlichen Eindrücke der letzten Stunden durch eine unnütze Reise zu zerstören? Wozu überhaupt wegfahren, wenn er doch so herrlich auf dem Stuhl reisen konnte, auf dem er gerade so bequem saß?

Und so beschließt der Herzog, seinen Zug nach London fahren zu lassen und stattdessen den zurück zu seinem Landhaus zu nehmen, in dem seine Diener ihn überrascht empfangen und das er nun für lange, lange Zeit nicht wieder verlassen wird.

Jean des Eisseintes wurde vom Fernweh überfallen – und folgte ihm dann doch nicht. Denn ihm wurde klar, die Realität könnte niemals mithalten mit der Welt, die er sich erträumt hatte. Und hat er nicht recht? Bleibt die Wirklichkeit nicht immer hinter unseren Vorstellungen zurück? Zerschellt nicht jede Fantasie, sobald sie auf den harten Boden der nackten Tatsachen trifft?

Das ist nicht nur eine Binse. Neurobiologen haben es längst experimentell bewiesen: Das Belohnungszentrum, also jener Bereich in unserem Gehirn, der uns mit einem Dopaminrausch beglückt, sobald etwas besonders Erfreuliches in Aussicht steht (ein leckeres Essen, eine schöne Verabredung, ein schickes Paar neuer Schuhe), müsste eigentlich *Erwartungs*zentrum heißen. Denn die betreffenden Nervenzellen reagieren gar nicht so sehr auf die Belohnung selbst – sondern vor allem auf die Aussicht darauf, also die Vorstellung davon. Signalisiert man zum Beispiel einem Affen durch ein aufleuchtendes Lämpchen, dass er bald einen Apfel bekommt, dann feuern die Neuronen – bekommt er die Frucht dann etwas später tatsächlich, ist die Erregung schon wieder abgeklungen und die Freude darüber nur noch mäßig. Vorfreude ist die schönste Freude – die alte Volksweisheit ist also richtig.

Wenn man das einmal verinnerlicht hat, öffnen sich ganz neue Türen, auch für den Urlaub zu Hause. Man muss gar nicht der Erfüllung seiner Wünsche hinterherjagen – schon das Wünschen selbst genügt! Wie viel Frust man sich mit diesem Wissen ersparen kann und sich dabei trotzdem blendend amüsieren! Man kann zum Beispiel in einen Laden gehen, die Freuden des Shoppings genießen, sich die

Arme vollladen mit herrlichen Kleidern, schwingenden Röcken, flauschigen Schals, zarten Sandaletten – und alles kurz vor der Kasse einer Verkäuferin in die Hand drücken und einfach verschwinden. Die Freude kann ohnehin nicht größer sein als in dem Moment, in dem man seinen Kauf beschließt; wenn man das erst mal kapiert hat, ist die Freude, es gar nicht erst zu kaufen, unbändig! Es ist fast so erheiternd wie mit einem Mann zu flirten, von dem man gar nichts will. Welche Leichtigkeit man gewinnt! Wie frei die Hände plötzlich sind! Wie viel Platz man weiterhin im Schrank hat! Und wie viel leichter es fällt, sich mit dem, was man hat, zufriedenzugeben!

Vor einiger Zeit hat ja eine Netflix-Serie der japanischen Aufräumexpertin Marie Kondo für Furore gesorgt, die im Wesentlichen darin besteht, dass eine dauerlächelnde Ordnungshüterin stinknormale Haushalte besucht und den Bewohnern hilft, ihr Gerümpel auszusortieren. Marie Kondos goldene Regel dabei lautet: Man solle nur das, was einem ein unmittelbares Gefühl von Freude bereitet, behalten – und alles andere in große Müllsäcke stopfen, die man dann an die Straße stellt. Dass man sich dabei vorher bei jeder ausrangierten Strumpfhose demütig für die gemeinsame Zeit bedanken soll, verschleiert natürlich nur, was die Journalistin Barbara Höfler in der *NZZ* »die größte private Umweltverschmutzung seit Einführung der Supermarkt-Plastiktüte« nennt: Denn schließlich herrscht in den entrümpelten Haushalten ja keineswegs japanischer Minimalismus, sondern wird nur Platz für Neuware geschaffen. »Magic Cleaning« ist mitnichten eine Lektion in Sachen Konsumverzicht, sondern bloß Anleitung zum beschleunigten Wegwerfen. Wer seine Unterhosen nach der »Kon-Mari-Methode« dreimal faltet und hochkant in die Schublade stellt, täuscht nur darüber weg, dass das eigentliche Problem unser ressourcenschädigendes Konsumverhalten ist und nicht etwa das Chaos in unseren Wäscheschränken.

Vor dem Ersten Weltkrieg besaß eine Familie im Schnitt 1800 Gegenstände, heute kommen auf jeden einzelnen Mitteleuropäer 10 000. Zehntausend Dinge, die wir nur deshalb besitzen, weil wir uns einmal eingebildet haben, sie unbedingt haben zu müssen. Weil wir sie in einem Laden ausgewählt, zur Kasse gebracht und dann nach Hause getragen haben. Zehntausend Dinge, die unsere Schränke, Schubladen und Abstellkammern so vermüllen, dass es Marie Kondo Tränen des Glücks in die Augen treiben würde.

Wer also mit dem Gedanken spielt, sich Marie Kondo ins Haus zu holen, sollte darüber nachdenken, ob er es nicht erst einmal mit »Magic Shopping« probieren will. Die Methode ist denkbar simpel: Man darf einfach alles, von dem man schon ahnt, dass es einem möglicherweise kein wirklich dauerhaftes Gefühl echter Freude bereiten wird, nur bis kurz vor die Kasse bringen.

Wer das einmal erfolgreich ausprobiert hat, kann es auf fast jeden beliebigen Bereich ausweiten. Sie wollten schon lange einen gigantischen WLAN-fähigen Fernseher mit Sprachassistent und Ambient Modus anschaffen? Nur zu, machen Sie sich auf in den Elektronikmarkt! Sie müssen sich nur in jedem Fall eines Besseren besinnen, ehe Sie mit dem Bestellzettel zur Kasse gehen. Verlassen Sie den Laden einfach, ohne zu bezahlen – und schwupps, sind Sie nicht nur reicher, Sie müssen auch nicht auf den Lieferservice warten, sich nicht mit der Bedienungsanleitung herumärgern und keine Apps und Updates herunterladen. Sie träumen schon lange von einem neuen Esstisch? Gehen Sie ins schickste Möbelgeschäft und wählen Sie ihn aus, aber kaufen Sie ihn bloß nicht: Dann müssen Sie nämlich weder auf Ihren Kontostand noch auf Ihre Esszimmergröße Rücksicht nehmen. Und wo Sie schon mal da sind: Befingern Sie ruhig teure Vorhänge! Sitzen Sie Probe auf Sofas, die niemals in Ihr Wohnzimmer passen würden! Testen Sie ausgiebig die Funktion von viel zu teuren Kleiderschränken, Küchen, Lampen! Im Prinzip können Sie mit dieser Art des virtuellen Konsums sogar die Wohnung renovieren: Wählen Sie schicke Badezimmerfliesen aus, die Sie dann ohne jede Schmutz- und Lärmbelästigung *nicht* anbringen lassen. Lassen Sie das olle Laminat im Schlafzimmer ohne jeden Handwerkerärger durch gigantische, antike Schlossdielen *nicht* ersetzen. Schaffen Sie sich kein Beleuchtungssystem wie im Hotel an. Kein Smart Home. Und warum nicht einen Pool auf der nicht vorhandenen Dachterrasse *nicht* errichten lassen?

Sogar Onlineshopping geht! Sie müssen nur unbedingt vermeiden, jemals auf *zahlungspflichtig bestellen* zu drücken. Sie können Apfelstecklinge auswählen und müssen keinen Gedanken daran verschwenden, dass Sie nur einen Nordbalkon und keinen Garten haben. Sie können unbezahlbare Handtaschen begutachten, sich Ihre Meinung zu Designersneakern bilden und sogar überlegen, welche Wohnung Sie sich in Rio de Janeiro kaufen würden, wenn Sie plötzlich reich wären und Lust hätten, dorthin auszuwandern. Sie können in die verrücktesten Produktwelten abtauchen und sich ohne jedes Talent die abenteuerlichsten Hobbys zulegen, zum Beispiel Heimwerken, Filzen oder Imkern. Als Autorin ist es natürlich meine heilige Pflicht, Ihnen dazu zu raten, möglichst viel im stationären Buchhandel zu kaufen, aber wie die meisten Menschen habe auch ich ein Amazon-Konto, das ich jedoch vor allem dazu nutze, Dinge, die ich einmal in meinen »Einkaufswagen« gelegt habe, auf meine »Wunschliste« zu verschieben. Diese »Wunschliste« geht jetzt ungefähr zehn Jahre zurück, und man könnte sie fast als so etwas wie eine Liste des Verzichts betrachten, weil sie ausschließlich Dinge enthält, deren Anschaffung ich einmal erwogen und dann doch nicht getätigt habe. Aber eigentlich ist es eine Liste der Befreiung. Denn sie enthält neben dicken Klassikern, die ich dann doch nicht lesen musste, auch allerlei Küchenutensilien, die mir nun nicht die Schubladen verstopfen, und jede Menge andere Haushaltsgeräte, die mir nun nicht im Weg herumstehen: eine Profi-Revolverlochzange mit Hebelübersetzung zum Beispiel. Ein Nass/Trocken-Handstaubsauger. Ein halbes Pfund Glukosesirup. Rosteffektfarbe für innen und außen. Eine Sparbüchse in Form einer Karl-Marx-Büste (Inschrift: »Das Kapital«). Ein Kilo Zitronensäure. Ein Zehnerpack Karabinerhaken. Darüber Ratgeber noch und nöcher: *Elektrik im Haus – Praxisbuch*, *1000 ganz legale Steuertricks*, *Das große Buch der Holzarbeiten*, *Yogatherapie für den Rücken*.

Bei den meisten Produkten kann ich mich nicht einmal mehr daran erinnern, warum ich sie überhaupt kaufen wollte – mein Rücken tut klaglos seinen Dienst, die Steckdosen in unserer Wohnung funktionieren, und ich wüsste nicht, was ich mit Rosteffektfarbe anstreichen sollte. Gut, die Karl-Marx-Spardose finde ich auch beim zweiten Blick noch ganz lustig, aber ob sie mir ein dauerhaftes Gefühl echter Freude verleihen würde?

Die schönste Reise, die ich in meinem Leben nicht gemacht habe, ging übrigens nicht nach London, wie bei Jean des Eisseintes, sondern nach Island. Sie ist über zwanzig Jahre her, und ich zehre noch heute davon: Damals entdeckte ich unter den ausrangierten Büchern der Gemeindebibliothek einen dicken Reiseführer, den ich begeistert von vorn bis hinten durchlas – danach wollte ich natürlich unbedingt dorthin. Ich ersann eine mögliche Reiseroute, machte mir Gedanken, welche Naturschauspiele ich unbedingt sehen wollte, schaute nach Hotels und Mietwagen und überlegte, wann genau eine Reise wohl am sinnvollsten wäre. Doch dann fand ich heraus, wie teuer zu der Zeit die Flüge dorthin waren – viel zu teuer, zumindest für eine Studentin, zumindest für mich. Ich verschob die Reise also, verschob sie wieder und wieder – und heute, da ich mir den Flug vielleicht leisten könnte, ist die Insel so überlaufen, dass ich gar nicht mehr wirklich hinwill. Wozu ans Ende der Welt reisen, um dort mit anderen Berlinern um eine heiße Quelle herumzustehen?

Und, bin ich traurig, dass ich meinen Traum nie wahr gemacht habe und nicht nach Reykjavik geflogen bin? Eigentlich nicht. Denn ich bin ja dort gewesen: im Herzen nämlich.

Also, verreisen Sie doch zwischendrin mal, wohin Sie schon immer wollten – mithilfe von Reiseführern, Bildbänden oder, warum nicht, mit einem Stapel Katalogen aus dem Reisebüro. Planen Sie Ihren Trip minutiös, malen Sie sich alles in den schillerndsten Farben aus, aber machen Sie es unbedingt so wie Jean des Esseintes: Fahren Sie auf keinen Fall hin.

Tag 13: Ein Museum besuchen

»*Nicht in die Ferne, in die Tiefe sollst du reisen.*«
Ralph Waldo Emerson

Eines der besten Dinge an einem Urlaub zu Hause ist, dass man mit einem Mal so viel Zeit hat. Auf Reisen nehmen wir uns ja gern ein Pensum an Sachen vor, von denen wir glauben, sie erledigen zu müssen – wir klappern Sehenswürdigkeiten ab, hasten schwitzend durch die Straßen und hoffen, dass es ausreicht, sich diesen Palast oder jene Kirche nur aus der Ferne anzusehen. Wenn wir Museen besuchen, dann laufen wir die Säle und Kabinette oft einfach nur ab, latent gestresst von der schieren Masse an Kunst, betrachten wir vieles nur flüchtig und im Vorbeigehen.

Mir geht es so. Dabei habe ich Kunstgeschichte studiert und kenne mich in manchen Museen derart gut aus, dass ich mich darin auch im Dunklen zurechtfinden würde. Hunderte Stunden habe ich in dämmerigen Seminarräumen des altehrwürdigen Instituts für Kunstgeschichte in der Münchner Georgenstraße verbracht, und wenige Geräusche sind mir so vertraut wie das leise Surren der Lüftung eines Diaprojektors, der gerade ein Vanitas-Stillleben an eine fleckige Leinwand wirft. Und trotzdem sehe ich, wenn ich den Louvre in Paris, die Gemäldegalerie in Berlin oder die Alte Pinakothek in München besuche, nicht viel mehr als die meisten anderen Besucher, die dort durch die Säle spazieren. Und warum? Weil ich mir nur selten die Zeit nehme, die Bilder an den Wänden tatsächlich zu *sehen*. Natürlich, hier und da bleibe ich stehen und versinke für ein paar Minuten – in dem regen Treiben bei einem Pieter Bruegel oder in stummer Bewunderung für die Kunstfertigkeit, mit der ein Willem Kalf die flaumige Haut eines Pfirsichs wiedergibt. Ich staune über die stille Schönheit eines Gemäldes von Jan Vermeer und lasse mich verzaubern von dem warmen Licht, in dem Rembrandt seine Figuren leuchten lässt. Aber erkenne ich das, was unter der Oberfläche dessen liegt, was da dargestellt ist? Das Unsag- und Unsichtbare, das Kunst eigentlich ausmacht?

Der Roman *Alte Meister* des großen österreichischen Autors Thomas Bernhard handelt von einem älteren Herrn, einem grantelnden Musikkritiker namens Reger, der seit dreißig Jahren alle zwei Tage von elf bis halb zwei Uhr ins Wiener Kunsthistorische Museum geht. Alle zwei Tage (außer montags, weil das Museum da geschlossen ist) setzt er sich auf dieselbe graue, samtbezogene Bank im »Bordone-Saal« (den es in Wirklichkeit nicht gibt); alle zwei Tage betrachtet er dasselbe Gemälde, schreibt dort seine Texte für die *New York Times*, denkt über die Misslichkeiten der Kunst und des Lebens nach, vermisst seine verstorbene Frau, die er auf ebendieser Bank kennengelernt hatte und die er so sehr liebte. Das Bild, das Reger besucht, ist das »Bildnis eines weißbärtigen Mannes« von Tintoretto aus dem Jahr 1570 – Öl auf Leinwand, das Porträt eines venezianischen Patriziers, »Auftragskunst«, wie Bernhard leicht verächtlich schreibt.

Aber ist es das, was Reger in dem Gemälde sieht? Im Roman steht fast nichts darüber, was seine Anziehungskraft für ihn ausmacht, welche Empfindungen es in ihm auslöst. Doch wenn man es Reger einmal nachtut, das Kunsthistorische Museum besucht und den dort ausgestellten Dürers, Cranachs und Rubens keine Beachtung schenkt, sondern direkt in den Tintoretto-Saal läuft und das Bild eine Weile betrachtet, kann man eine Ahnung davon bekommen. Man muss dazu nicht Kunstgeschichte studiert haben, man braucht keine schlauen Bücher oder Führer. Man muss sich nur ein bisschen Zeit nehmen, um sich in das Gemälde zu vertiefen und den alten Mann auf der Leinwand kennenzulernen, der einem so sanft und offen in die Augen blickt und dabei so besorgt und traurig dreinschaut, dass man fast das Gefühl bekommt, dieser bald 450 Jahre alte Mann würde einem direkt ins einsame Herz blicken.

»Die meisten Besucher«, klagte der berühmte Maler Julian Schnabel einmal im *SZ-Magazin*, »betreten ein Museum, um etwas zu sehen, von dem sie glauben, es zu kennen. Sie schauen sich das Original eines berühmten Bildes nicht an, sondern prüfen lediglich, ob es auch wirklich vor ihnen an der Wand hängt. Dann halten sie ihren Selfiestick in die Höhe und machen ein Foto, denn was sie nicht in der Cloud haben, existiert für sie nicht. Man erlebt ein Bild nicht, wenn man es als digitales Abbild auf dem Display eines Smartphones anschaut.«

Wie recht Schnabel hat, lernt man, wenn man ein Museum einmal nicht im Besichtigungsmodus betritt. Wenn man nicht möglichst viel Kunst in möglichst kurzer Zeit sieht, sondern umgekehrt möglichst viel Zeit vor möglichst wenigen Werke verbringt. Das Schlüsselerlebnis dazu hatte ich vor fast zwanzig Jahren während einer Studienexkursion nach London, wo in der Tate Modern eine Retrospektive des Malers Barnett Newman zu sehen war. Newman war einer der Begründer der Hard-Edge-Malerei, das heißt, er hat nichts anderes getan, als großformatige Leinwände mit Farbfeldern und vertikalen Streifen, den sogenannten »Zips«, zu versehen. Diese ziemlich strengen, ziemlich abstrakten Bilder hatten mich vorher nicht mehr begeistert als jeder beliebige IKEA-Badvorleger. Doch dann schlug meine Haltung um, denn wir betrachteten jeden Vormittag und jeden Nachmittag jeweils nur ein einziges von Newmans Gemälden. Wir saßen davor, ließen es auf uns wirken, sprachen darüber, sprachen mit ihm. Und nach einer Weile fingen die Bilder tatsächlich an zu reden. Sie erzählten von Schönheit und Schmerz und den Rissen, die durch unsere Herzen gehen. Sie erzählten von dem, was uns von der Welt trennt, und dem, was uns mit ihr verbindet. Es war elektrisierend und berührend zugleich, und ich habe mich selten im Leben so berauscht und gleichzeitig so bei mir gefühlt. Ich war ergriffen von der Kunst, aber auch von der Erkenntnis, dass ich in meinem Leben möglicherweise mehr verpasste, als ich erlebte – einfach nur, weil ich mich nicht dafür interessierte und achtlos daran vorüberlief.

Leider kann ich nicht behaupten, dass mich diese Tage an der Themse zu einem besseren Menschen gemacht haben. Oft genug haste ich durch Ausstellungen und betrachte die ausgestellte Kunst nur oberflächlich – doch manchmal fällt mir die Erfahrung wieder ein, und ich verlangsame meinen Schritt, schaue mich um, suche mir ein Bild, das mir entweder gar nichts sagt oder das gleich zu mir spricht. Dann setze ich mich davor und betrachte es – ohne es zu studieren oder zu analysieren. Ich lasse es einfach wirken und kümmere mich nicht darum, was die Lehrmeinung dazu ist oder was in den Führern steht. Und manchmal, viel zu selten, gehe ich ins Museum, um mir wie Bernhards alter Kritiker ein ganz bestimmtes Bild anzusehen: den Hodler in der Neuen Pinakothek in München, den Caravaggio in der Berliner Gemäldegalerie. Das ist dann ein bisschen so wie nach Hause kommen oder einen alten Freund besuchen – man fährt nicht hin, um etwas zu erleben, sondern einfach nur, weil es guttut. Weil es sich richtig anfühlt.

Bilder sind wie Menschen, man lernt sie nicht zwischen Tür und Angel kennen. Man muss sich mit ihnen beschäftigen, ihnen zuhören, sich ihnen öffnen, anstatt darauf zu warten, dass es umgekehrt passiert. Dann lernt man auch, dass Kunst mit Bildung nicht viel zu tun hat, eher schon mit Herzensbildung. Und dass klassisches Sightseeing, bei dem man inmitten einer Horde anderer Menschen an Tempeln vorbeiläuft, Statuen umrundet und durch Kirchen spaziert, ungefähr so ist, als würde man versuchen, einen Roman zu begreifen, indem man ihn von allen Seiten abfotografiert.

Tag 14: Eine Zimmerreise unternehmen

»*Alles Unglück des Menschen rührt aus einem einzigen Umstand her, nämlich, dass sie nicht ruhig in einem Zimmer bleiben können.*«
Blaise Pascal

Wer im 17. Jahrhundert auf *Grand Tour* ging, also die damals übliche »herkömmliche Kreisfahrt durch das gesittete Europa« (Goethe), der reiste nicht gerade mit leichtem Gepäck. Zu den Utensilien, die die Kavaliere in ihren wuchtigen *néceccaires* mit sich führten, gehörten: Taschenmesser und Suppenlöffel, Blechtöpfe und Teekannen, Federn, Federmesser und pulverisierte Tinte, Aquarellfarben und Mappen mit Zeichenblättern, Rasiermesser, Nadeln und Faden, Öfchen und Riechsalz und Reise-Faltlaternen, Schreibpulte und Bestecke für den Aderlass, außerdem

Truhen voller Bücher, Geschirr und Flakons, Schreibzeug und Geheimfächer für Unterlagen und nicht zuletzt Vorräte für leichte Mahlzeiten und Soßen, um damit das ungeliebte Essen zu verfeinern, das man in den Gasthäusern serviert bekam. Dazu empfahlen erfolgreiche Reiseführer wie der *Passagier auf der Reise in Deutschland, der Schweiz, zu Paris und Petersburg* dringend, doppelläufige Pistolen mit sich zu führen, die man alle zwei Wochen neu laden solle, damit sie jederzeit bereit und funktionsfähig seien. Wer unterwegs keine Gelegenheit hatte, bei anderen Angehörigen der Adelswelt unterzukommen, und deshalb eine Herberge in Anspruch nehmen musste, dem wurde geraten, Türschlösser in verschiedenen Ausführungen sowie einen Vorrat an eigenen Betttüchern und Decken mit sich zu führen. Wer im Wirtshaus Wasser trank, dem wurde empfohlen, eine Knoblauchzehe ins Glas zu werfen, um sich vor Gift zu schützen.

Die *Grand Tour* galt der persönlichen Selbstvollendung. Man reiste nicht, um die Welt zu entdecken, sondern, wie Hans Magnus Enzensberger in seiner *Theorie des Tourismus* schreibt, um *le monde* zu erleben, also die vornehme Gesellschaft fremder Höfe. Politisch-soziale Realitäten waren da etwas, das man eher als störend empfand. Das gemeine Volk? Versuchte man sich vom Leib zu halten. Die Fremde? Ließ man am liebsten vor den Fenstern der mit allen Annehmlichkeiten ausstaffierten Kutschen an sich vorüberziehen. Wer in Reisetagebüchern wie denen von Cosima Wagner blättert und darin liest, wie sie und ihr Mann Richard vor der »häßlichen, verkrüppelten Bevölkerung« in die paradiesischen Gärten Palermos flüchten, der wird sich vielleicht an die Szene in Gerhard Polts Komödie *Man spricht deutsh* erinnert fühlen, in der Gisela Schneeberger in die Sonne blinzelt und seufzt, wie schön doch Italien sei, wären nur die vielen Italiener nicht.

Vielleicht ist es also gar nicht so sonderbar, dass ausgerechnet zu jener Zeit, als das Reisen, zumindest in Adelskreisen, langsam in Mode kam, als Reiseberichte und Robinsonaden den Buchmarkt überschwemmten, ein literarisches Genre erwachte, in dem es genau um das Gegenteil ging: Während die Kavaliere der *Grand Tour* zwar ihre Körper über Länder und Grenzen hinweg bewegten, dabei aber weiter ihren Tee tranken und ihre vertrauten Bücher lasen und oft kaum wahrnahmen, was außerhalb ihrer Kutschen geschah, erfand der französische Autor Xavier de Maistre eine Art des Reisens, für die man statt doppelläufiger Pistolen bloß ein Paar Pantoffeln brauchte.

Die Reise um mein Zimmer lautete der Titel des schmalen Bestsellers von 1794. Sein Inhalt ist schnell erzählt. Der Erzähler nutzt einen 42-tägigen Hausarrest, um einen angeblich längst gehegten Plan zu realisieren: nämlich sein Zimmer zu bereisen und von den Geschehnissen in einem Raum zu erzählen, in dem überhaupt nichts geschieht.

Xavier de Maistre war weder Reisemuffel noch Stubenhocker. Im Gegenteil: Er war weltgewandt und ziemlich abenteuerlustig. Im Alter von 23 Jahren hatte er begonnen, sich für die Luftfahrt zu interessieren, und konstruierte gemeinsam mit einem Freund ein großes Flügelpaar aus Papier und Draht, um damit nach Amerika zu fliegen (was natürlich misslang). Später ergatterte er gemeinsam mit seinem Bruder, dem Staatstheoretiker Joseph de Maistre, einen

Platz in einer Montgolfière, die jedoch, so heißt es, nach ein paar Minuten Flugzeit in ein Kiefernwäldchen stürzte. Als Maler folgte er der Armee Suwrows bis nach Nordwestrussland, verdingte sich dort in der russischen Armee und lebte anschließend in Paris und Sankt Petersburg, wo er 1852 starb.

In *Die Reise um mein Zimmer* beschränkt er sich jedoch darauf, sich durch sein Zimmer zu bewegen, jene »paradiesische Gegend, die alle Güter und Schätze der Welt in sich birgt«. Er lässt sich in einem Lehnstuhl nieder, betrachtet die Bilder und Bücher und Möbelstücke, als sähe er sie zum ersten Mal, und macht so »eine Entdeckung nach der anderen«. Erinnerungen werden in ihm wach, er lässt sich zu Reflexionen inspirieren, kommt ins Sinnieren: über das Vergnügen, alte Briefe zu lesen, über die ideale Farbe für Bettwäsche (rosa und weiß), über die Vorzüge der Malerei im Vergleich zur Musik (Klavierspielen könne man auch bei geistiger Abwesenheit, doch könne man »nicht die simpelste Sache der Welt malen, ohne, dass sich die Seele dabei voll und ganz beteiligt«). Die kleinen Begebenheiten und Geschichten, die er in den 42 Tagen erzählt, sind manchmal komisch, manchmal auch ganz schön langatmig, aber eines sind sie ganz sicher: einzigartig.

»Die berühmtesten Reisen können wiederholt werden: Eine fein gestrichelte Linie zeigt uns die Route auf allen Weltkarten an; und es sei jedem freigestellt, sich auf die Spuren dieser kühnen Männer (…) zu begeben. Anders verhält es sich mit der *Voyage autour de ma chambre*. Sie ist ein für alle Mal gemacht und kein Sterblicher kann sich dessen rühmen, sie noch einmal anzutreten«, schreibt de

Maistre 1812 im Vorwort zur Neuausgabe des Romans. Und er hat recht: In die Antarktis oder nach Amerika reisen kann jeder, aber das, was einem durch den Kopf geht, während man in seinem Sessel sitzt, das bleibt ein singuläres Erlebnis. Die Zimmerreise ist die Individualreise schlechthin.

Das erkannten auch andere. Xavier de Maistre fand eine Heerschar an Nachfolgern, so viele, dass der Konstanzer Literaturwissenschaftler Bernd Stiegler ihnen einen ganzen Band gewidmet hat. Auf die Zimmerreisen von (unter anderem!) Friedrich David Jaquet, René Perin, Albert Grisar, Adolphe Poujol und Edouard Scheidig folgten die *Reise eines Katholiken durch sein Zimmer*, die *Reise meines Vetters auf seinem Zimmer*, Karl Sterns *Auch eine Reise auf meinem Zimmer*, eine *Neue Reise in meinem Zimmer* sowie Emma Faucons *Zimmerreise eines jungen Mädchens*. In weiterer Folge erschienen *Reisen im Zickzack, Neue Reisen im Zickzack* und *Reisen durch das Fenster* sowie diverse Reisen durch Kirchen und Hosentaschen, Keller und Zelte, Schubladen und Bibliotheken. Als ein Höhepunkt gilt Sophie von La Roches zweibändiger und über 850 Seiten umfassender Reisebericht *Mein Schreibetisch*, der später von den Genderstudies als spezifische Form weiblichen Schreibens entdeckt wurde, weil es darin nicht darum ging, das eigene, reichhaltige Innenleben zu präsentieren, sondern vor allem darum, dessen gesellschaftlich bedingte Beschränkung deutlich zu machen. Währenddessen entwickelten männliche Autoren die Zimmerreisen weiter zur naturkundlichen Expedition: Arthur Magin unternahm eine *Wissenschaftliche Reise um mein Zimmer,* Wilhelm Schling eine *Reise im*

Zimmer über den Erdball, oder Historisch-Geographische Beschreibung aller Länder und Völker des Erdballes, Georges Aston erkundete auf seiner *Reise eines Botanikers durch sein Haus* mitten in Paris Etage für Etage und Balkon für Balkon die häusliche Pflanzenwelt. Und der französische Exzentriker Alphonse Karr, der zusammen mit einem Äffchen namens Emmanuel in einem winzigen Häuschen auf dem Montmartre-Hügel in Paris lebte und dessen *Reise um meinen Garten* fast 700 Seiten zählt, entdeckt darin nicht nur die Ferne in der Nähe, etwa, wenn er eine Glyzinie erblickt (»Ich steige drei Treppenstufen hinab und siehe da: Ich bin in China«). Er erlebt auch, wie die scheinbar alltägliche Welt durch die veränderte Art des Schauens aufs Neue verzaubert wird.

Eines ist all diesen Reisebüchern des Stillstands gemein: Sie erkunden das Fremde im scheinbar Vertrauten, bestaunen das Allernächste, das man bis dahin für keines Blickes würdig hielt. Und sie erkennen, dass das Vergnügen, das uns eine Reise bereitet, möglicherweise weniger mit dem Reiseziel zu tun hat als mit der Einstellung, mit der wir sie antreten. Wenn wir offen sind, genau hinsehen und keine starren Vorstellungen haben; wenn wir Details würdigen, an denen Einheimische achtlos verbeihasten, und das Besondere in dem sehen, das für sie alltäglich ist, dann ist jede Reise interessant – selbst dann, wenn wir uns gar nicht fortbegeben.

Der große Forscher und Entdecker Alexander von Humboldt schrieb 1801 in den autobiografischen Aufzeichnungen, die er auf seiner Südamerikaexpedition machte, über die Triebfeder seiner Reisen: »Mich spornte die vage

Sehnsucht an, von einem langweiligen Alltagsleben in eine wunderbare Welt versetzt zu werden.« Darauf hätten seine zimmerreisenden Zeitgenossen wahrscheinlich erwidert, dass selbst schuld sei, wer seinen Alltag fade finde, und dass wahrer Forschergeist nicht erst ins Unbekannte reisen müsse, um erweckt zu werden. In Georges Astons *Reise eines Botanikers durch sein Haus* heißt es: »Es ist nicht notwendig, weit weg zu gehen, um die tausend unterschiedlichen Arten der Pflanzenwelt zu finden. Sich auf einen kleinen Raum zu beschränken, aber in möglichst gründlicher Weise fast bis ins letzte Detail die vorgefundenen Phänomene zu studieren, ist die beste Art und Weise sich solide und ernsthaft zu bilden.« *Wie* recht Aston mit seiner Einschätzung eines Tages haben würde, konnte er wohl nicht ahnen: Doch heute ist es ja tatsächlich so, dass die Artenvielfalt in den Städten oft viel größer ist als auf dem Land, wo Glyphosat und Co. dafür sorgen, dass es hektargroße Felder gibt, auf denen kein anderes Kräutlein als Raps wächst, über die kaum je ein Schmetterling flattert und nicht das kleinste Käferchen schwirrt.

Die Fortsetzung seiner berühmt gewordenen Zimmerreise unternimmt Xavier de Maistre viele Jahre später in einem Dachzimmer in Turin: Die *Nächtliche Entdeckungsreise um mein Zimmer*, 1825 erschienen. Er klettert eine Leiter hinauf, setzt sich wie ein Reiter in Pantoffeln auf das Sims des offenen Fensters und lässt, in die Sterne blickend, die Gedanken fliegen. Angesichts der Schönheit des Nachthimmels ärgert es ihn, dass dieses alltägliche Schauspiel so selten gewürdigt wird: »Wie wenige Menschen (…) genießen jetzt mit mir den prächtigen Anblick, welchen der

Himmel den achtlosen Menschen vergebens zur Schau stellt ... Für diejenigen, die schlafen, mag es noch so hingehen, aber was würde es diejenigen, die herumspazieren, die, die scharenweise aus dem Theater kommen, schon kosten, die funkelnden Sternbilder, die von allen Seiten über ihrem Kopf strahlen, einen Augenblick anzugucken und zu bewundern?« Was stets da und auch noch kostenlos ist, davon nimmt man keine Notiz, so folgert de Maistre. Und eine Welt, die man für wenig bemerkenswert hält, ist das in der Folge natürlich.

Wer einmal einen Tag oder Nachmittag seines Urlaubs nutzt und sich aufmacht, durch die Zimmer seiner Wohnung zu reisen, wer ein paar Schritte macht und guckt und die Gegenstände, die sein Leben so treu und stumm bevölkern, mit den Fingerkuppen berührt, der hat vermutlich keine Mühe zu verstehen, was die Zimmerreisenden des 18. und 19. Jahrhunderts so sehr faszinierte. Im alltäglichen Gewühl des Alltags nehmen wir unsere unmittelbare Umgebung normalerweise kaum wahr – und das, obwohl wir wie vielleicht nie zuvor damit beschäftigt sind, uns möglichst hübsch einzurichten. Der Markt ist voll von Hyggeratgebern und Interiorbüchern – wessen Herz fängt nicht an zu klopfen, wenn er einen tollen Vintagesessel sieht? Aber normalerweise hält das Verliebtheitsgefühl nicht lange. Ein frischer Blumenstrauß, eine erst neulich auf dem Flohmarkt entdeckte Lampe, eine Vase, die man zum letzten Geburtstag geschenkt bekommen hat, erwecken noch unsere Aufmerksamkeit, aber nach einer Weile verliert sich der Effekt, das Neue wird alt, und schon bald streift unser Blick darüber hinweg wie über all die anderen Dinge, die da seit Jahren stehen. Obwohl das schöne Beistelltischchen so aussieht wie am ersten Tag, empfinden wir es schnell als belanglos, ganz egal, wie unbedingt wir es einmal haben wollten, wie teuer es war und wie viel Mühe es machte, es in unseren Besitz zu bringen.

Doch wenn wir all die vielen Gegenstände, die wir besitzen, noch einmal mit dem Blick eines Zimmerreisenden ansehen, wenn wir sie so neugierig betrachten, als hätten wir sie gerade eben erst im Laden entdeckt oder vererbt oder geschenkt bekommen, wenn wir sie in die Hände nehmen, darin drehen und wiegen – dann erwachen sie wieder zum Leben. Und sie entpuppen sich als gute alte Freunde, die Geschichten erzählen, die wir längst vergessen haben und von Zeiten zeugen, von denen wir glaubten, dass sie lange vorbei sind.

Da, auf der Kommode im Flur: meine ersten Laufschuhe, winzige, von einer Staubschicht bedeckte Schnürstiefelchen aus rotem Leder. Haben die mir wirklich einmal gepasst? Durch welche Straßen bin ich damit gelaufen? Bin ich gerannt, gestolpert, gesprungen, gehüpft? Bin ich wirklich einmal ein Kind gewesen? Der versilberte Bilderrahmen, ganz hinten auf der Kommode: Ich erinnere mich noch genau, woher ich ihn habe. Von der Mutter einer Schulfreundin, die ihn mir als Dank dafür schenkte, dass ich bei einer ihrer Partys aushalf, die immer betrunkener werdenden Geschäftsfreunde ihres Mannes mit Wein abzufüllen. Darin steckten schon alle möglichen Fotos, von Freundinnen und Freunden, doch seit ein paar Jahren habe ich das Bild nicht mehr gewechselt: Es zeigt einen kleinen, indischen Mönch, den ich mit einer Kinderpatenschaft unterstützte, bis seine Eltern fanden, dass sie ihn auf dem Feld dringender brauchten als in der Schule und ihn aus dem Kloster holten, das ihn aufgenommen hatte. Was wohl aus ihm geworden ist? Und was ist aus meinem eigenen sozialen Engagement geworden?

Drüben, in der Küche: der kleine Küchentisch. Vor vielen Jahren stand er mit dem Zettel »zu verschenken« am Straßenrand, seither begleitet er mich durch mein Leben. Er hat einen Riss, die Tischplatte wölbt sich, und er hat mehr Wurmlöcher, als Sterne am Himmel stehen. Und doch ist er perfekt, und ich werde weinen an dem Tag, an dem ich ihn ausmustere. In der Schublade darin finde ich immer noch Zigaretten, dabei habe ich vor fast zehn Jahren mit dem Rauchen aufgehört. Ich habe sie aufgehoben für den einen Gast, der sich einmal nach einer Zigarette sehnen wird – aber es raucht niemand mehr, und die paar verbliebenen Süchtigen verlassen ihre Wohnungen nicht, ohne sich so gut zu bevorraten, als wären Kippen Wasser und sie würden in die Wüste gehen.

Ich setze mich kurz in den Knoll-Sessel aus den 1950er-Jahren, den ich auf einem Wertstoffhof im Süden von München gefunden habe. Gucke hoch zu der Muschelplättchenlampe von Ebay, die klirrend anzeigt, wenn K. und B. aus der Wohnung über uns ins Bett gehen. Blättere durch die Kochrezepte, die an kleinen Magneten an der Kühlschranktür flattern und schon viel zu lange darauf warten, dass ich sie ausprobiere.

Und so geht die Reise weiter, und so kann sie durch jede Wohnung gehen. Die Objekte gleichen sich manchmal, nicht aber die Geschichten, die dazugehören: Steine und

Muscheln von einem verliebten Strandspaziergang. Ein geerbtes Silberbesteck, in dem mehr Familiengeschichte steckt als in jeder Chronik. Eine herumliegende Visitenkarte von jemandem, bei dem wir uns dann doch nie gemeldet haben.

Die Kiste voller Fotos aus Jugendzeiten, an die wir nie denken und die uns den Menschen zeigen, der wir mal gewesen sind.

Die andere Kiste mit den Briefen, einigen wenigen nur, die von den Träumen zeugen, die wir einmal hatten, von Ängsten, die uns einmal umtrieben, und von Gefühlen, zu denen wir einmal in der Lage waren.

Meine Zimmerreise endet schließlich an meinem Bücherregal. Ich berühre mit den Fingerspitzen Rücken von Bänden, die ich gelesen und großenteils wieder vergessen habe und die sich doch, daran glaube ich fest, in mich eingegraben haben und Spuren in mir hinterließen: Gedichtbände, in denen ich auf langen S-Bahn-Fahrten blätterte. Krimis, aus denen, wenn ich sie aufschlage, Mittelmeersand rieselt. Romane, die eine Saison lang jeder gelesen haben musste. Bücher über Kunst und Politik. Feministische Klassiker, Kochbücher und solche zum Thema Weinbegleitung. Reiseführer für Palermo, für Namibia, für Südfrankreich. Der italienische Slow-Food-Führer.

Ist es Zufall, dass ich inmitten der langen Regalreihen auf eine Biografie von Alexander von Humboldt stoße, dem Mann, der auf seinen Reisen mehr Wissen und Erkenntnisse produzierte als jeder andere? Der über seine fünfjährige Südamerikareise einen dreißigbändigen Bericht schrieb?

Ich fange an, darin zu blättern. Staune, wozu ein einzelner Mann fähig gewesen ist. Humboldt bestieg Vulkane, durchwanderte Steppen, begegnete im Dschungel einem Jaguar, kenterte mit einem Boot auf dem Orinoko und überlebte, obwohl er Nichtschwimmer war. Er verortete den magnetischen Äquator, bestimmte mehrere Tausend Pflanzenarten, studierte die Stammesrituale der Amazonasvölker, ermittelte die Auswirkungen von Höhe und Luftdruck auf die Vegetation, entwickelte eine Theorie der Meeresströmungen und erforschte den 6300 Meter hohen Chimborazo, den man damals für den höchsten Berg der Welt hielt.

Als Zimmerreisende, das musste ich mit Humboldts Forschungen in der Hand zugeben, entdecken wir keine unbekannten Arten. Wir lernen keine fremden Kulturen kennen und stellen erst recht keine Untersuchungen darüber an. Doch inmitten der Sedimente des Lebens, die sich in Form von allerlei Krimskrams in den Schubladen und Schmuddelecken in wahrscheinlich jeder unserer Wohnungen absetzen, können wir etwas entdecken, das uns auf den ersten Blick genauso fremd wie ein fernes Volk erscheinen mag, vielleicht sogar noch fremder: Wir können den Menschen entdecken, den wir vor lauter Hoffen auf die Zukunft und Sorgen um die Gegenwart manchmal völlig vergessen, nämlich den, der wir einmal waren, vor gar nicht allzu langer Zeit. Und das ist für so einen ganz normalen Urlaubstag doch keine ganz kleine Entdeckung.

Zurück in den Alltag: Was wir von zu Hause mitbringen können

> »Eine Festung zu stürmen, eine Gesandtschaft zu leiten,
> ein Volk zu regieren, das sind fürwahr funkelnde Taten.
> Aber tadeln, lachen, verkaufen, bezahlen, lieben, hassen und
> sanftmütig und gerecht mit den Seinen zu leben –
> und mit sich selbst – dabei weder nachlässig zu werden,
> noch sich selbst zu belügen, das bedeutet etwas noch
> viel Außergewöhnlicheres, Selteneres und Intensiveres.«
> Michel de Montaigne

Irgendwann geht jeder Urlaub zu Ende. Egal was wir entdeckt und erlebt haben, egal ob wir einmal um den Globus geflogen oder zu Hause geblieben sind. Der Alltag streckt seine kalten Finger nach uns aus; wir müssen zurück in unsere Routinen, wieder ins Büro, zur Arbeit.

Aber ... vielleicht wird diese Rückkehr nicht ganz so schlimm?

Ferienreisen sind normalerweise in zwei Hälften geteilt: die eine, in der man am Urlaubsort ankommt, ihn erschließt und sich aneignet, sich akklimatisiert. In der man seine Routinen entwickelt, seine Lieblingsplätze findet, in der man herausfindet, welches der beste Tisch in dem kleinen Restaurant ist, in dem man immer wieder landet, obwohl man sich vorgenommen hat, auch noch andere auszuprobieren. Es ist die Phase des Urlaubs, in der man mit dem Ort, an dem man ist, in Beziehung tritt, die des Kennenlernens, wenn man so will.

Fast unmittelbar daran an schließt sich dann auch schon die andere Hälfte. Die, in der der Urlaub zu Ende geht und die Zeit der letzten Male beginnt: ein letztes Mal in dieses Café, ein letztes Mal auf den Markt, ein letztes Mal ein Eis in dieser Eisdiele, ein letztes Mal an dieser einen Stelle ins Meer springen. Alles, was wir tun, ist bereits von Wehmut getränkt – darüber, dass wir wieder zurückmüssen ins doofe, kalte Deutschland, zurück in die Kaffeeküchenkleinheit des Büroalltags, zurück zum Monatsticket und zum vollen Briefkasten und zum Regenschirm. Die Wehmut geht unmittelbar in den Schmerz der Abreise über: der letzte Blick aufs Meer, im Rückspiegel des Taxis das sich entfernende Hotel, die sich entfernende Stadt, der sich entfernende Liebreiz, in dessen Licht die letzten zwei Wochen getaucht waren. Am Horizont der Flughafen, dessen Umriss einen schon an den Flughafen zu Hause erinnert. Der Stress, der einen langsam zurückerobert, während man vor dem Check-in-Schalter in einer Schlange steht, während man durch die Sicherheitskontrolle muss, während man sein Gate nicht gleich findet.

Noch sind unsere Gesichter gebräunt, fühlen wir uns erholt, sind wir erfüllt von fremden Bildern, Geschmäckern und Gerüchen, aber in uns macht sich schon die traurige

Gewissheit breit, dass wir diesen Zustand nicht aufrechterhalten werden, dass wir das, was wir im Urlaub hatten, nicht festhalten können. Die Erholung wird schon vor der Urlaubsbräune verschwinden, die jetzt noch so besonders erscheinenden Fotos in den Untiefen unseres Computers. Und das auf dem Markt erstandene Gewürz werden wir einmal verwenden, bevor es im Küchenschrank langsam sein Aroma verliert und eines Tages auf dem Müll landet, zwischen gebrauchten Filtertüten und braunen Bananenschalen. Schließlich werden selbst die Erinnerungen verblassen, zusammenschrumpfen auf zwei, drei gefilterte Bilder. Das alles wissen wir.

Doch diesmal sind wir zu Hause geblieben. Wir brauchen weder Taxi noch Flugzeug, um zurückzukommen. Wir müssen kein Gepäck schleppen und keine Souvenirs. Vielleicht sind wir nicht braun geworden, aber dafür haben wir die Hände frei, um ganz viel mitzubringen: Rüstzeug gegen die Zumutungen des Alltags mit seinen Ablenkungen und seinem Gehetze. Fähigkeiten, unser Leben vielleicht ein kleines bisschen besser zu führen.

Denn wer daheimgeblieben ist, hat eine einmalige Chance gehabt: zu lernen, dass es innerhalb seines Lebens noch ein zweites Leben gibt. Eines, das die ganze Zeit über parallel existiert. Er hat gelernt, dass es einen Raum gibt, dessen Tür manchmal zu, aber nie verschlossen ist, und den er jederzeit betreten kann, um durchzuatmen, sich zu entspannen, um ein anderer zu werden oder zumindest eine andere Perspektive einzunehmen. Dieser Raum ist von überall aus erreichbar: vom Büro aus etwa, wo man sicher mal die Mittagspause verlängern kann, um ein ausgiebiges

Mittagessen mit Vorspeise und Nachtisch einzunehmen. Von zu Hause aus, wo man von einem Moment auf den anderen die manchmal allzu vertrauten Dinge, die einen umgeben, mit frischem Blick betrachten und sich darüber wundern kann, wie lange sie einen schon begleiten, so treu und still. Und auch auf unseren täglichen Wegen können wir, wann immer wir merken, dass wir wieder in dieses einsame Eilen verfallen, von dem alle um uns herum ergriffen sind, die U-Bahn einfach ohne uns fahren lassen und, während sie davonbraust, den Wind und das Beben des Bodens spüren. Ist sie dann weg, können wir die Treppe am anderen Ende der Haltestelle wieder hinauflaufen und eine Station oder zwei zu Fuß gehen – nicht so langsam, dass wir nicht vorwärtskommen, aber auch nicht so schnell, dass uns das Gefühl überkommt, nur das Ziel sei unser Ziel.

Wir können uns immer mal wieder ein Wochenende nehmen und einen Ausflug ins Grüne machen und von der Wunderpille Natur profitieren. Oder kurz entschlossen eine Stadtführung buchen, um mehr über den Ort zu erfahren, an dem wir manchmal so kopf- und gedankenlos leben. Es ist eigentlich gar nicht schwer, das Handy mal einen Tag ausgeschaltet zu lassen und die Freiheit zu spüren, die das mit sich bringt. Nichts leichter, als einfach einmal auszuprobieren, wie lange wir es schaffen, am Sonntagmorgen im Bett liegen zu bleiben und nichts zu tun, rein gar nichts.

Und dann gibt es etwas, was wirklich jederzeit möglich ist, egal wie sehr uns der Alltag im Griff hat und der Stress an uns nagt und uns das Leben stinkt: den Kopf in den Nacken legen und nach oben blicken, wo vielleicht genau jetzt in diesem Moment, unbemerkt von Wirtschaft, Kunst und Politik, von den Nachrichtenseiten im Internet, vom Wetterbericht, von der Börse, unbemerkt von der ganzen hektischen, geschäftigen Menschheit, ein Kumuluswolkenelefant stolz lächelnd über den Himmel marschiert.

Literatur

Clemens G. Arvay: *Biophilia in der Stadt. Wie wir die Heilkraft der Natur in unsere Städte bringen*, München 2018

Roland Barthes: *Das Reich der Zeichen*, Frankfurt am Main 1981

Roland Barthes: *Mut zur Faulheit*, in: ders.: *Die Körnung der Stimme. Interviews 1962–1980*, Frankfurt am Main 2002, S. 367–374

Jo Barton und Jules Pretty: *What Is The Best Dose of Nature and Green Exercise for Improving Mental Health? A Multi-Study Analysis*, in: *Environmental Science and Technology*, 44, Nr. 10 (2010), S. 3947–55

Walter Benjamin: *Das Passagen-Werk*, 2 Bände, hg. von Rolf Tiedemann, Frankfurt am Main 1982

Marc G. Berman, John Jonides und Stephen Kaplan: *The Cognitive Benefits of Interacting with Nature*, in: *Psychosocial Science*, 19, Nr. 12 (2008), S. 1207–1212

Alain de Botton: *Kunst des Reisens*, Frankfurt am Main 2002

Attilio Brilli: *Als Reisen eine Kunst war. Vom Beginn des modernen Tourismus: Die »Grand Tour«*, Berlin 1997

Werner Broer et al.: *Kammerlohr. Epochen der Kunst. Band 4: 19. Jahrhundert. Vom Klassizismus zu den Wegbereitern der Moderne*, München 1994

Dinah Deckstein, Lothar Gorris u. a.: *Nix wie weg!*, in: *Der Spiegel*, Nr. 33, 11.8.2018, S. 12–21

Rüdiger Dingemann und Renate Lüdde: *Endlich Ferien! Wie die Deutschen das Reisen entdeckten*, München 2007

Alfred Döblin: *Man sollte einmal ein Lexikon dummer Behauptungen zusammenstellen*, in: ders.: *Die Zeitlupe. Kleine Prosa*. Aus dem Nachlass zusammengestellt von Walter Muschg, Freiburg 1962

Peter Eichhorn: *Der Kurfürstendamm. Ein Bummel über Berlins legendären Boulevard*, Berlin 2011

Ralph Waldo Emerson: *Self-Reliance*, 1848

Ralph Waldo Emerson: *Conduct of Life*, 1860

Hans Magnus Enzensberger: *Eine Theorie des Tourismus*, in: ders: *Einzelheiten*, Frankfurt am Main 1962, S. 147–168

Marco d'Eramo: *Die Welt im Selfie. Eine Besichtigung des touristischen Zeitalters*, Berlin 2018

Ludwig Fels: *Mein Land. Geschichten*, Darmstadt/Neunried, 1978

Sigmund Freud: *Unser Herz zeigt nach dem Süden. Reisebriefe 1895–1923*, hg. v. Christfried Tögel und Michael Molnar, Berlin 2003

Frédéric Gros: *Unterwegs. Eine kl. Philosophie d. Gehens*, München 2010

Horst Hammitzsch: *Zen in der Kunst des Tee-Wegs*, Bern/München/Wien 1958 und 1977

Byung-Chul Han: *Lob der Erde. Eine Reise in den Garten*, Berlin 2018

Tristan Harris: *How Technology is Hijacking Your Mind – from a Magician and Google's Design Ethicist*, online: www.tristanharris.com/essays/

Franz Hessel: *Spazieren in Berlin*, Berlin 2011

Tom Hodgkinson: *Anleitung zum Müßiggang*, Berlin 2013

Barbara Höfler: *Räumt endlich auf! Eine Japanerin will uns Ordnung beibringen*, in: *NZZ am Sonntag*, 26.1.2019

Christian Hönicke: *»In zehn Jahren sind unsere Städte komplett zerstört«. Tourismusmanager warnt vor Overtourism*, in: *Der Tagesspiegel*, 21.11.2018

Joris-Karl Huysmans: *Gegen den Strich*, Stuttgart 1992

Joseph Imrode und Erik Wegerhoff (Hg.): *Dreckige Laken. Die Kehrseite der ›Grand Tour‹*, Berlin 2012

Allan Jenkins: *Wurzeln schlagen*, Reinbek 2018

Stefanie Kara: *Ist da jemand? Wissenschaftler erforschen die Nachbarschaft*, in: *Die Zeit,* Nr. 50/2016, 1. Dezember 2016

Hellmuth Karasek: *Billy Wilder. Eine Nahaufnahme*. Aktualisierte und erweiterte Fassung, Hamburg 1992

Björn Kern: *Das Beste, was wir tun können, ist nichts*, Frankfurt am Main 2016

Susanne Kippenberger: *Geschenk des Himmels*, in: *Der Tagesspiegel*, 28.10.2018, S. 7

M. Kowalski, B. Majkowska-Wojciechowska et al.: *Prevalence of Allergy, Patterns of Allergic Sensitization and Allergy Risk Factors in Rural and Urban Children*, in: *Allergy*, Nr. 62 (9), Sept. 2017, S. 1044–1050

Christian Krekel, Jens Kolbe und Henry Wüstemann: *The Greener, The Happier?* in: *Ecological Economics* 121 (2016), S. 117–127

Anne Kretzschmar und Matthias Schmelzer: *Jeder, der fliegt, ist einer zu viel*, online: www.zeit.de/wissen/umwelt/2019-05/flugverzicht-klimapolitik-emissionen-verantwortung-privileg

Manfred Lenzen, Ya-Yen Zun et al.: *The carbon footprint of global Tourism*, in: *Nature Climate Change 8* (2018), S. 522–528

Claude Lévi-Strauss: *Mythologica I. Das Rohe und das Gekochte*, Frankfurt am Main 1976

Paul Lewis: *»Our minds can be hijacked«: The tech insiders who fear a smartphone dystopia*, in: *The Guardian*, 6.10.2017

Qing Li: *Die wertvolle Medizin des Waldes*, Reinbek 2018

Udo Lindenberg: aus dem Song *Mein Ding*, Text: Udo Lindenberg, Musik: Jörg Sander, Sandi Strmljan, 2008

Winfried Löschburg: *Kleine Kulturgeschichte des Reisens*, Leipzig 1997

Richard Louv: *Das Prinzip Natur. Grünes Leben im Digitalen Zeitalter.* Mit einem Vorwort von M. Braungart und R. Kahl, Weinheim/Basel 2012

James Lovelock: *Nuclear power is the only solution*, in: *Independent*, 24. Mai 2004

Xavier de Maistre: *Die Reise um mein Zimmer*, Berlin 2011

Thomas Mann: *Meerfahrt mit Don Quijote*, Wiesbaden 1956

Michel de Montaigne: *Essais*, versch. Ausgaben

Friedrich Nietzsche: *Menschliches, Allzumenschliches*, Werke in drei Bänden, hg. v. Karl Schlechta, Darmstadt 1994

Blaise Pascal: *Pensées*, versch. Ausgaben

Pitigrilli: *Kokain*, Reinbek 1988

Michael Pollan: *Kochen. Eine Naturgeschichte der Transformation*, München 2014

Gavin Pretor-Pinney: *Wolkengucken*, München 2006

Michael Thomas Röbitz und Ralf Schmiedecke: *Berlin-Schöneberg. Nicht nur »wie einst im Mai«*, Erfurt 2005

Ulrich Schnabel: *Muße. Vom Glück des Nichtstuns*, München 2010

Daniel Schreiber: *Zuhause. Die Suche nach dem Ort, an dem wir leben wollen*, Berlin 2017

Georg Simmel: *Soziologie der Mahlzeit*, in: ders.: *Brücke und Tür. Essays des Philosophischen zur Geschichte, Religion, Kunst und Gesellschaft*, Stuttgart 1957, S. 243–250

Anke Sparmann: *Draußen sein*, in: *Zeitmagazin* Nr. 20/2017, 10.5.2017

Karolin Steinke: *Einst und Jetzt. Berlin-Schöneberg*, Berlin 2015

Bernd Stiegler: *Reisender Stillstand. Eine kleine Geschichte der Reisen in und um das Zimmer herum*, Frankfurt am Main 2010

Mark Twain: *Die Arglosen im Ausland*, Frankfurt 1996

Cosima Wagner: *Die Tagebücher*, 2 Bände. Ediert und kommentiert von Martin Gregor-Dellin und Dietrich Mack, München/Zürich 1976–1977

Wilhelm Waiblinger: *Die Briten in Rom*, in: ders.: *Werke und Briefe. Textkritische und kommentierte Ausgabe in fünf Bänden*, hg. v. Hans Königer. Band 2, Erzählende Prosa, Stuttgart 1981, S. 409–518

David Wallace-Wells: *The Uninhabitable Earth. A Story of the Future*, London 2019

Robert Walser: *Der Spaziergang*, in: ders., *Sämtliche Werke in Einzelausgaben*, hg. v. Jochen Greven, Band 5, Der Spaziergang, Prosastücke und Kleine Prosa, Frankfurt am Main 2001

Keith Waterhouse: *The Theory and Practice of Lunch*, London 1986

Alan Weisman: *Die Welt ohne uns. Reise über eine unbevölkerte Erde*, München 2007

Bertram Weisshaar: *Einfach losgehen. Vom Spazieren, Streunen, Wandern und vom Denkengehen*, Köln 2018

Reinhard Wolf: *Auf Schiene verreisen – oder gar nicht*, in: *taz*, 17.11.2018

Richard Wrangham: *Feuer fangen. Wie uns das Kochen zum Menschen machte – eine neue Theorie der menschlichen Evolution*, München 2009

Andrea Wulf: *Alexander von Humboldt und die Erfindung der Natur*, München 2016

Lin Yutang: *On Lying in Bed*, in: *The Importance of Living*, New York 1937, 1965, S. 200–204

Wald als »Naturpille«. Schon 20 Minuten im Grünen senken Stresslevel, in: *FAZ*, 7.4.2019